무용분석

무용학을 위한 이론과 실천

무용분석

무용학을 위한 이론과 실천

나경아 지음

보고사
BOGOSA

God has not given us a spirit of fear and timidity,

but of power, love and self-discipline.

(2Timothy 1:7)

머리말

무용분석에 관한 책을 쓰기 시작하면서 20년 전 수업에서 만났던 한 학생이 떠올랐다. 〈살풀이춤〉에 흠뻑 빠져있던 학생이 춤 분석을 강력히 거부했었다. 춤을 논리적으로 다루는 것이 개인적 표현에 방해가 된다고 느꼈었던 것이다. 이 부분은 무용분석이론에서 가장 중요하게 다루어야 할 논점이다.

무용분석은 주관적 느낌을 객관적 사실로 전환하는 모든 노력을 포함한다. 무용을 구성하는 필수적 요소들을 구체화하고 이를 근거로 의미를 설명하는 논리화 과정이며, 일회적 이벤트로 사라져버리는 무용을 의도적으로 고안된 텍스트로 전환하는 일이다. 인간 움직임의 복합적 양상을 다루는 무용분석은 방대한 작업이며 관련 자료들을 다각도로 검토해야 하는 복잡한 과정이다. 따라서 대상화의 범위와 한계를 분명히 이해하고 가능한 분석 방법을 적용해야 한다. 춤을 일회적 경험 이상의 진지한 연구대상으로 만들어 가는 이러한 노력으로 무용학이 발전된다.

이 책은 분석의 이론과 실천적 방법으로 구성된다. 1부는 분석철학과 심리철학의 관점에서 무용분석의 기초적 논점을 다룬다. 1장에서 무용동작 분석에 관한 미학적 논점을 다룬다. 2장에서 상징적 언어체계 이론을 설명한다. 3장에서 심신 수반론의 관점에서 물리적 현상과 심리적 속성의 관계를 설명한다.

2부에서 무용분석 기준틀을 근거로 실천 가능한 분석 방법을 설명한다. 4장 구조분석에서 무용의 구조적 특징을 분류하는 개념적 범주를 설명한다. 5장 맥락분석에서는 무용의 발생 배경과 관련된 내용을 다룬다. 사회문화적 배경, 장르, 스타일에 관련된 판단의 근거를 설명한다. 6장에서는 동작분석을 위한 도구를 제시한다. 무용 그 자체의 이미지를 포착하고 동작의 의미체계를 분석하는 방법이다.

춤과 관련된 미적 경험을 이해의 차원으로 전환하는 일은 언제나 흥미로운 모험이다. 학생들과 함께 무용 동작 현상을 세밀하게 관찰하고 설명하면서 춤에 대한 이해는 넓어지고 깊어지고 구체화되었다. 학생들 스스로 이해와 경험을 연결해 논문, 안무, 재창작, 교육 프로그램 등의 결과물을 만드는 것을 보면서 '무용 지식'의 확장 가능성을 보았다.

책을 쓰면서 가슴이 뭉클해지는 순간이 여러 번 있었다. 연구의 근거자료를 제공해 준 학자들, 사랑으로 지지해 준 가족들, 지난 20년간 무용분석 수업에서 젊은 에너지로 힘차게 따라와 준 학생들, 이상적 세계를 꿈꾸는 며느리에게 낭만주의 정신을 가르쳐 주시고 영원한 세계로 떠나가신 아버님의 모습이 떠오른다.

흐르는 물처럼 시간 속에 사라져 가는 '춤'을 드넓게 펼쳐진 '춤 지식'의 들판으로 안내하는 징검다리를 놓는 심정으로 그간의 연구를 하나로 모았다. 실마리가 풀리지 않아 두려워질 때마다 능력과 사랑으로 이끌어 주신 하나님의 은혜로 책이 마무리되었다. 앞으로 책 내용이 연구와 실천 현장에 다양하게 적용되기를 바라면서 출판을 위해 언제나 수고를 아끼지 않으시는 보고사 선생님들 그리고 〈무용분석〉에 참여해 준 학생들에게 감사한 마음을 전한다.

차례

무용학의 발전

무용에 대한 많은 편견 그리고 열광적 반응은 '몸 언어'의 상징성 때문이다. 신체 움직임은 태초로부터 이어져 내려오는 가장 원초적 형태의 언어로서 인간의 삶과 연결되어 그 양상이 다양하게 나타난다. 유동적이고 일시적인 신체언어의 원리를 설명하는 것은 무용학의 주요 과제이다. 무용연구의 역사는 유럽의 아카데미에서 시작되어 전해져 내려오고 있으며, 전 세계의 다양한 춤은 살아있는 역사 자료로 연구되고 있다.

20세기 후반에 예술학, 체육학, 인류학 등 학제 간 연구로 무용연구의 중요한 성과들이 나타났다. 무용의 역사적 발달과정, 사회적 기능, 문화적 특성, 신체 움직임의 원리에 대한 탐구를 통해 무용에 대해 새롭고 흥미로운 사실들이 발견되었다. 이러한 연구 성과에도 불구하고 움직임 원리에 대한 체계적 접근은 여전히 쉽지 않다. 무용연구(Dance Studies)의 계통은 미학−예술학, 사회−문화 연구, 운동과학 연구에서 이어져 내려오면서 동작을 중심으로 무용학이 발전되고 있다.

미학 – 예술학 예술의 궁극적인 가치는 무엇인가? 예술의 인식적 근거는 무엇이며, 우리가 바라보는 예술현상에는 어떤 원리가 내포되어 있는가? 예술의 가치는 대상에 귀속된 특징인가? 인식능력에 관한 문제인가? 해석의 문제인가?

고대 희랍 철학을 통합한 플라톤은 물리적 현상으로부터 궁극적 가치를 분리한 '이데아의 변증법'으로 예술의 중요한 매개 개념인 미의 이데아, 모방, 쾌락, 조화 등을 설명한다. 플라톤의 철학에서 예술대상의 가치를 논하는 '미'의 개념은 절대적 관념에 대한 모방(mimesis, representation)으로 설명된다. 아리스토텔레스는 물질과 정신이 결합한 현상의 모방으로 설명하며, '카타르시스'라는 미적 효과를 언급했다. 중세에는 고대 철학자들의 미론을 비판적으로 받아들이고 기독교 사상과 융합시켜 피타고라스의 수의 개념과 플라톤의 이데아 개념을 계승한다. 미에 대한 개념이 신, 영혼, 우주 등의 관계에서 형이상학적으로 성찰되고 빛이나 상징 개념이 도입된다.

르네상스에 이르러서는 아리스토텔레스의 『시학』이 재발견되고 조형예술, 시, 음악 등 창조적인 예술이 발전한다. 르네상스의 예술론은 근대합리주의 철학사상과 함께 예술에서의 규칙과 원리를 추구하는 고전 양식을 이룩한다. 17세기까지 지배적이었던 대이론(the great theory)에서 수적질서, 조화, 균형 등 예술의 주요 원리가 설명된다.

18세기에 바뙤(C.Batteux)에 의해 순수예술이 분류되었으며, 점차 '절대적인 미'에 대한 기준이 아니라 주관적 인식이 중요해졌다. '미'란 인간의 감각, 특히 시각에 의해 지각되는 불확실한 개념이

된다. 감각적 경험과 관련된 특별한 미감이 언급되고, 상상력, 취미 등의 새로운 개념이 등장하면서 감성 인식의 학으로 미학(aesthetics)이 명명된다. 계몽주의 철학이 종합됨에 따라 칸트에 의해 비판주의의 입장에서 미감에 대해 인식론적 논증이 이루어졌다.

1840년대에 헤겔의 정신철학의 개념에 대응하는 정신과학이라는 용어가 등장한다. 페히너(G. T. Fechner)로부터 시작된 '아래로부터의 미학'은 연구 방법이 경험주의 및 실증주의 방향으로 진행되고, 연구대상도 구체적인 미적 사실로서의 예술로 한정된다. 그로세 등의 예술학은 이러한 과학적 미학의 연장선상에서 생겨난다. '예술학'이라는 명칭이 독립학문으로 학계에 등장한 것은 분트(W. Wundt), 딜타이(W. Dilthey) 등에 의해 정신과학의 기초가 확립되던 시기이다. 예술과학이 미학과 대립하기보다, 과학적 미학의 발전 형태라고 볼 수 있다. 19세기 말에 이르러 전통적 미학이나 예술철학과 구별된 예술 그 자체를 연구하는 예술학이 독립된다.

예술학의 근본과제는 경험적 사실학으로부터 철학적 본질학으로 나아가는 것이다. 따라서 예술학의 연구 방법에서 예술의 본질을 명확하게 밝히기 위해 경험 과학적 방법뿐만 아니라 철학적 방법도 사용된다. 예술학이 예술 그 자체의 본질을 파악하려면 물리적 현상 이상의 정신적 가치를 통찰해내야 한다. 따라서 그 본질을 규명하기 위해 개개의 사실, 재료, 현상에 대한 경험적 연구뿐만 아니라 총괄적인 견지에서 원리론과 가치론적 통찰이 필요하다. 예술학에서도 미학에서와같이 철학적 방법과 과학적 방법은 서로 밀접하게 연결된다.

예술학의 등장을 전후로 개별 예술학의 발전이 이루어진다. 19세기 미술학에서 조형예술에 관한 연구는 두 방향으로 진행된다. 하나는 조형예술의 본질적 의미와 조형예술 각 분야의 특성, 한계, 상호 관련성 등을 밝히는 체계적 미술학이다. 다른 하나는 조형예술의 역사적 과정을 연구하는 미술사학이다. 음악학에서는 과거로부터 현재에 이르는 음악현상을 설명하고 체계화한다. 19세기 중엽 독일에서 시작된 문예학에서는 정신과학과 예술학적 인식에 입각한 문예연구가 진행된다. 20세기 독립적 예술학으로서 무용연구는 예술 개념, 역사 그리고 실천적 원리를 종합하는 방향으로 발전되고 있다.

사회 – 문화 연구　예술이란 사회적 변인에 의해 구조화된 인간의 모든 행위와 연관된다. 무용에 관한 연구에서 정치, 경제, 페미니즘, 민족주의 등의 관점이 도입되며 포스트모던이라는 시대적 경향 속에서 더욱더 개방적이고 유연한 태도로 다른 학문과 연결된다. 무용 매체의 원리와 구별된다고 믿어왔던 사회–문화적 맥락을 연결해 과거에 사라졌던 무용에 생명력을 불어넣었다. 형식주의자들은 개별적 작품들이 사회나 문화이론에 너무 깊이 연관되면 그 형태가 보존되기 어렵다고 생각했다. 그러나 무용작품의 구조를 깊이 바라보면 이해의 폭이 확장된다. 사회적 주제와 형식적 연구의 균형을 통해 그 문제를 푸는 방법을 정리한 음악의 경우처럼, 무용연구에서도 춤 그 자체의 구조적 형식과 사회문화적 맥락을 연결한다. 의미를 생산하는 방법에 의지함과 동시에 작품 그 자체에서 출발한다는 입장에서 바라보면 춤과 역사는 분리될 수 없다.

무용은 사회-문화와 연관된 복합 구성물이므로 그 맥락 속에서 의미가 생산된다. 무용의 의미가 계속 외부로만 확대되는 것이 아니라 내부구조로부터 주요한 단서를 발견한다. 춤은 사회적 관계의 그물망에 붙어있는 실재적 경험의 한 부분이다. 맥락과 연결되지 않은 경험은 해석될 수 없으므로 무용의 발생배경을 이해하지 못한다면 추상적이고 모호한 설명이 된다. 춤 동작에는 인류의 삶과 관계된 인간행동과 사고가 반영되어 있으므로 문화, 종교, 사상, 제도의 영향을 알아야 해석이 된다. 특정 문화적 정서와 관련된 움직임이 하나의 춤 양식으로 발전되면서 사회문화적 가치관과 관습이라는 외부적 요인 그리고 개인의 반응체계 사이에서 무수히 다양한 양상이 나타난다.

춤은 인간 이해의 역사적 자료로서 민족학, 문화인류학, 언어사회학에서 연구된다. 특정 문화와 관련된 동작 단위들을 파악하고 움직임의 독특한 방식을 설명한다. 킬리노호모쿠(Kealiinohomoku)는 동작의 실루엣에 나타난 형태적 의미를 발견하는 방식으로 단순하고 일상적인 동작과 무용 동작 사이의 관련성을 설명한다. 케플러(Keappler)는 통가 지역의 음악과 함께 춤을 연구하면서 특정 음악에서 주요 악절을 나누는 것처럼 움직임 패턴의 단위를 분석했다. 비언어적 커뮤니케이션 연구에서는 일반적인 움직임에 나타나는 독특한 자세, 제스처 방식을 발견한다. 동작에 나타나는 디자인, 방향, 수준, 크기, 초점, 쉐입, 리듬 단위, 시간에 따른 흐름, 템포, 강조, 강약, 힘, 속도, 변화와 흐름을 관찰하여, 자세를 취하고 이동하는 동작에 나타나는 독특한 방식을 설명한다(Hanna, 1979). 단조로운 서술로만 이루어져 온 무용의 역사는 최근 다양한 사회-문화적 시각들과 실증방법을 통해 새로운 측면들이 재발견된다. 무용의 사회적 기능과 의미에 관한 새로운 사실을 밝혀주는 담론들이 인류사와 관련된 무용의 지평을 넓혀간다.

과학 연구   과학적인 사고와 방법은 기존의 고정관념과 관습을 무너뜨리고 새로운 세계를 창조한다. 과학 연구는 무용현상의 원인과 결과를 증명하는 체계적인 방법으로 지식을 만들어 간다. 회전과 점프 동작의 근신경 제어체계는 어떻게 다른가? 동작 기술 향상을 위해 어떤 피드백 방법이 필요할까? 이러한 궁금증들이 하나의 연구문제로 던져지며, 이에 대한 답을 찾는 실증적 연구과정이 설계된다. 연구 결과는 하나의 현상적 원리를 언어로 설명해 줄 뿐만 아니라 현장에서 일어나는 문제들을 예측하고 통제하는 데 적용된다.

기능학, 역학, 생리학, 심리학 등 다양한 연구 성과들이 교육과 치료, 안무에 적용된다. 근신경 제어체계, 운동역학, 심리-생리적 원리에 대한 연구는 무용 연습 과정의 효율성을 높이고 무용수를 보호하는 훈련법에 적용된다. 미국의 경우 무용 의학에서 시작되어 물리치료사, 운동과학 전공자, 무용을 가르치는 교사들이 참여하고 있다. 무용 건강에 대한 요구가 증가하면서 대학 교육과정에서 중요한 위치를 갖게 되었다(Cardinaletal, 2018). 과학연구는 체계적 동작 연습 방법을 발전시키고 건강과 재활 프로그램을 개발하며 인간 움직임의 교육과 치료 분야에 폭넓게 적용되고 있다.

무용학 무용을 의도적으로 고안된 텍스트로 만드는 것은 무용학의 중심과제이다. 무용을 구성하는 요인들과 이들의 관계를 밝혀서 무용 현상을 논리적으로 설명하도록 '지식의 몸체'를 만드는 것이다. 이를 기반으로 전문적 지식검증을 위한 이론적 모형이 정립되고 창작의 원리나 교육과정이 설계된다.

무용 연구에 대해 무용가들과 연구자들 사이에 관점의 차이가 나타날 수 있다. 창작 현장이나 춤 감상에서 직관력을 강조하다 보면 체계적인 분석에 대해 거부감을 느끼기도 한다. 그러나 안무 과정이 막연한 영감으로만 진행되는 것이 아니며 무용수가 신비로운 느낌으로만 표현하는 것도 아니다. 창작자의 영감에서 시작된 아이디어는 작품의 구성 요소와 형식 단위를 디자인해가는 과정에서 완성된다. 뿐만 아니라 레퍼토리 재구성이나 고증을 할 때도 원전 텍스트에 대한 연구가 필요하다.

안무가는 작품을 구성하는 여러 부분을 통일성 있게 만들어야 한다. 다양한 매체를 자유자재로 다루려면 매체의 특징과 구성 원리를 알아야 한다. 안무가는 동작을 기존 양식에 따라 혹은 새로운 방식으로 공간과 시간 속에 배열한다. 무대장치, 조명, 의상을 결정하고 시간적 리듬과 극적 기법들을 사용한다. 동작 기법과 무대 공간의 시각적 효과를 실험하고 무용의 요소를 배열하는 방식을 연구해야 전체적으로 조화를 이룬 작품을 만들 수 있다. 안무가는 무용수에게 무용작품의 구조적 특징과 의미를 좀 더 명확히 설명해야 한다. 무용수의 입장에서도 안무가의 의도를 파악하고 움직임 방식과 시공간적 구성에서 자신의 역할을 이해해야 한다. 예술적 협력 작업에서 아이디어를 공유하고 발전시키는 소통을 위해서도 안무가의 마음속에서 진행되는 창작 의도를 관객과 무용수 그리고 협력적 관계에 있는 스태프들에게 정확하게 전달해야 한다.

예술이 창출해내는 환상적 경험이나 미적인 가치를 상실할 만큼 과도하게 논리적으로 접근하는 것은 위험하다. 그러나 환영의 세계를 설명하는 증거를 제공하기 위해 무용에 속한 여러 요소를 분명히 밝히는 것은 중요하다. 이로써 무용을 더 깊이 있게 이해하고 현장에 적용하게 된다. 연구자는 분석을 통해 인간의 여러 가지 국면과 연관된 무용 지식을 만든다. 관객이나 비평가는 미적 감동에 관한 구체적인 이유를 발견하고 심도 있는 반응을 지속하기 위해 분석한다. 무용 교육에서는 대상에 맞는 교육 내용을 설계하기 위해 필요하다. 무용 교사들이 새로운 동작을 가르칠 때, 보다 명료한 동작단위를 제시하고 시공간 요소를 연결하여 전달해야 한다. 예술 매체 간의 협업과 매체실험이 더욱 다양해지는 시대에 무용의 구조와 원리를 연구하는 것은 안무가, 무용수, 비평가, 교육자, 연구자 모두에게 중요하다.

무용 매체의 복잡성과 현장 이벤트의 일시성을 극복하기 위해 동작을 개념화할 수 있는 능력을 길러나간다면 춤 자체(Dance itself)의 지식이 더욱 발전되어 나갈 것이다. 이러한 지식은 무용 전문가들의 '공연행위'보다 더 포괄적인 의미에서 '무용'을 확장시킨다. 바르테니에프는 라반의 개념을 안무 작업이나 비평어휘로 적용할 수 있도록 발전시켰을 뿐만 아니라 인류학 연구에 사용되는 무용 분석틀(Choreometrics)을 개발했다. 또한 운동행동, 감각발달, 창조성 발

달, 의사소통과 관련하여 유아교육이나 치료 분야에도 '무용 지식'
이 활용될 수 있게 했다.

　인간의 신체 동작을 대상화하고 시공간 매체와의 관련성을 다층
적으로 파악하기 위해 인간 동작의 상징적 의미체계에 관한 이론과
동작 원리의 실증적 연구가 필요하다. 무용의 미적 그리고 교육적
원리가 체계를 갖추기 위해서 신체의 움직임과 복합매체에 대한
관찰과 실험이 필요하다. 무용을 구성하는 요인들을 개념화하고
그것들 사이의 관계를 추론하는 가운데 형성된 이론들은 일시적으
로 종합된 지식으로서 끊임없이 도전을 받는다.

　사실상 '미'나 '예술'에 속하는 요소를 모두 검증해내기는 어려우
며 무용에 관한 연구도 마찬가지이다. 그럼에도 불구하고 하나의
탐구과정에서 나온 잠정적 이론들은 여러 갈래로 얽혀서 무용연구
의 기반을 형성한다. 무용에 관한 연구는 무용비평, 안무원리, 교육
과정 개발 등 여러 방향에서 적용된다. 뿐만 아니라 비언어적 의사
소통, 언어사회학, 언어심리학, 기호학, 치료, 인지의 전이와 관련
한 연구와도 접목된다. '무용 그 자체'에 관한 지식은 역사 속에서
무용의 의미를 분명하게 밝히고 인간 삶 속에 적용되는 춤 내용을
풍부하게 만들어 준다.

1부

무용분석 이론

인간은 감정 혹은 사상을 표현하기 위해 신체 일부 혹은 신체 전체를 율동적으로 움직이며 개인적 혹은 집단으로 춤을 춘다. 상징적, 표현적, 의례적 행동(action)으로 춤추며, 신체 움직임 그 자체에 목적을 두고 리듬에 맞추어 자의적으로 조화롭게 춤을 춘다. 또한 내외적 자극에 대해 인간이 생성해내는 반응의 총합체인 사회적, 기능적, 의식적, 감정적 행위(behavior)로 춤을 춘다. 춤에는 보편적이면서 특수한, 전형적이면서도 유동적인 동작 양상들이 복합된다. 오랜 세월 인간의 삶을 반영해 온 매우 유동적인 상징 언어라는 점에서 대상화와 관련된 미학적 논점들이 제기된다.

분석에 관한 이론에서 무용 상징언어체계의 주요 논점들을 설명한다. 첫째, 무용동작 대상화에 관한 주요 논점들을 근거로 분석의 한계와 가능성을 설명한다. 둘째, 상징적 언어체계의 관점에서 무용 동작의 미적 개념을 설명한다. 셋째, 수반이론으로 춤의 물리적 현상과 가치체계를 연결하는 의미론적 해석의 근거를 제시한다.

1장   미학적 논점

　춤에는 의식적이든 무의식적이든 내적 동기가 표현된다. 춤추는 순간 개인의 몸에서 지각 반응들은 끊임없이 변화한다. 형식적 규범이 확고한 발레에서도 춤추는 순간 발레리나에 의해 매번 작품이 미묘하게 달라진다. 또한 〈백조의 호수〉 작품은 초연 당시와 비교해 보면 여러 가지 면에서 변화되어왔다. 엄밀한 의미에서 '원형 그대로의 무용'은 존재하기 어렵다. 무용의 상징화 양상은 개별적이며 복합적이고 유동적이며 다양하다.

　인위적이거나 자발적인 기호화 방식으로 상징화되는 신체의 총체적 특성을 구체화하는 무용기록이 가능한가? 무용의 실체를 완벽하게 분석하여 기록한다는 것은 사실상 불가능하다. 무용 기록에 관한 논의를 위해 스타일에 대한 이해가 필요하다. 무용 스타일은 내적 본성과 외적 형식의 관계이다. 외적 형식에 해당하는 일반 스타일에는 운동기능과 감각지각체계에 의해 수용 가능한 동작이나 일련의 동작들이 구성된다. 그리고 내적 본성에 해당하는 개인 스타일에는 무용수 개인의 특수성이 개입된다. 일반적 스타일을 강조하는 형식적 입장과 개인적 스타일을 강조하는 정서적 입장에서 무용 대상화에 대한 가능성과 한계가 설명된다.

무용 기록의 한계 무용기록이 어려운 이유는 역사와 개인에 의존하여 변화되기 때문이다. 기록 자체가 불가능한 것이 아니라 객관적 기록이 어렵다. 라반의 동작 기록법이 내면적 태도와 형태 그리고 움직임의 복잡한 관계를 체계화하였지만, 그것이 객관적 기록은 아니다. 기록은 무용뿐만 아니라 모든 예술에서 필요에 의해 만들어진다. 하나의 무용 작품 정체성을 확인해 주는 기록이 필요하다고 해서 무용의 역사성과 인간 고유의 표현성을 간과해서는 안 된다.

무용 기록의 특수성은 무용이 다른 예술에 비해 개념적 정의가 어렵다는 점이다. 춤 동작에는 하나의 대상으로 파악하기에 불명료한 속성이 있다. 음악에서는 분류 가능한 음계와 악보가 있다. 문학에서는 활자 언어체계로 인식 가능한 표기 방식이 있다. 그러나 무용의 경우 자체적 감흥에 의해 움직이는 동작단위가 개별적이다. 춤추는 몸 자체의 고유한 전개 방식과 역사성 때문에 다른 예술 장르에서 사용하는 일반화 개념을 적용하거나 기록을 통하여 보편적 구조를 파악하기 어렵다.

무용수는 자신의 개인적인 감정을 표현하여 감동을 전달한다. 춤추는 순간 무용수는 외부 수용 감각과 감각 지각 체계를 통해 다른 무용수나 음악과 연결되어 존재적 몰입상태에 있다. 원작을 재현하는 발레 작품에서도 다양한 스타일의 변형이 이루어지며 대부분 원작에서 벗어나 새롭게 해석하는 것이 중요하다. 따라서 체계적으로 혹은 알고리즘으로 정확한 동작들이 재현되기 어렵다.

전승된 무용 양식으로 훈련 받은 무용수도 전형적 규범에만 머무르지 않고 개별적 표현 스타일을 창조한다. 〈살풀이춤〉이나 〈승무〉의 계통을 이어가는 이수자들의 춤에서 개인적 스타일에 따라 차이가 나타나며 이러한 차이가 개별 사례의 고유성으로 인정된다. 무용수는 표준적 자세와 동작을 무조건 따르는 것이 아니라 자신만의 동작을 표현한다. 이때 의식적으로 하는 것이 아니라 내면에서 자연스럽게 흘러나오는 자세와 동작을 한다. 반복적인 훈련으로 얻어지는 어려운 표현이나 동작 기교도 개인적 스타일이다.

스타일 개념은 수동적이고 정적인 개념이 아니라 성취해 나가는 역동적 개념이다. 공연하는 무용수가 주어진 작품의 기록만을 따른다면 관객들에게 미적 감동을 주기 어렵다. 무용의 스타일이라는 표현적 속성은 개념 단위로 전환하거나 특정한 단어로 묘사하기 어렵다. 따라서 시공간을 초월해서 춤 스타일을 보존할 수 있는 객관적 기록에는 분명 한계가 있다(Magolis, 1981).

무용 기록의 가능성 의도적으로 만들어진 미적 형식(Form)으로 무용 스타일이 형성된다. 이는 자연 발생적인 동작과 구별되는 개념이다. 미적 특징이 확고한 무용 스타일에는 규범적 형식이 있으며 개인의 표현적 특성이 반영된다 해도 선행되는 스타일을 추종하는 범위 안에서 이루어진다. 무용 기록은 무용의 구성적 형식을 구체적으로 파악하고 보존하는 일이다.

무용은 기록법이 필요 없는 회화와 같은 공간예술이다. 그리고 고도로 발달한 기보법 기준을 가진 음악과 같이 순간적 시간예술이다. 무용 기록은 음악에서의 악보와 같은 의미이다. 하나의 무용이 만들어진 역사 속에서 사라지지 않도록 의도적으로 텍스트를 만드는 것이다. 이에 관한 논의는 특정한 방법론이 아니라 가능한 개념 범위를 설명하는 것이다.

음악은 원작에 대한 복사가 문제가 되지 않는다는 의미에서 대필적 예술(allographic art)이다. 그 실행에서 1단계로 작품이 악보로 작성되고 2단계는 그 작품이 연주된다. 대필적 예술은 이 두 단계 모두 원작의 이름으로 실행된다. 모차르트가 작곡한 악보를 정확하게 복사한 모든 악보의 사본은 모두 동등하게 원본이다. 그리고 그 작품의 공연 사례들은 원작의 충실도나 질적인 면에서 다양해질 수 있다. 그러나 같은 악보에 근거한 연주들은 모두 동등하게 원곡의 사례이다.

미술 작품은 원작을 정확하게 복사한 그림이 위작 논란을 일으킨다는 점에서 자필적 예술(autographic art)이다. 회화 작품에서의 복사는 음악에서처럼 원작에 대한 새로운 사례로서 인정받을 수 없다. 아무리 정확하게 모방해도 진품으로 인정되지 않으며 진품과 위조의 문제를 일으킨다는 점에서 회화는 자필적 예술이다.

무용은 악보와 같은 보편적 기록법이 확립되어 있지 않지만, 음악이나 연극처럼 시간 예술로서 제약이 있고, 교향악 연주나 연극 공연처럼 많은 사람이 참여하는 예술이기 때문에 기록으로 대상화해야 한다. 무용의 구성적 부분을 기록하면 발생의 역사로부터 독립되어 보존된다. 시간과 개인의 한계를 초월하는 기록과 보존이 필요하다는 측면에서 무용은 대필적 예술이다.

무용 기록의 분류기준 무용의 사례들은 스타일의 변화가 많이 나타나므로 기록 대상이 동일한 춤의 사례라는 것이 확인되어야 한다. 즉 기록 대상에 대한 합의가 선행되어야 한다. 그 다음에는 동작 현상을 개념화할 수 있는 분류 기준이 있어야 한다. 이러한 분류 기준으로 동작을 완벽하게 기록할 수는 없으나 무용의 핵심적 구조를 체계화한다. 적용할 기록법의 분류기준에 대한 타당성을 검토할 때, 분류 기준이 너무 거칠고 모호하면 필연적으로 난해한 문제들이 발생하므로 통사론적, 의미론적 요구에 부합하는지 확인한다.

기록법은 통사론적 요건에서 해체성과 결정적 분리가 이루어져야 한다. 통사론적으로 각각의 기호적 특징이 분명하게 해체되어야 한다. 즉 하나의 기호적 특징이 다른 기호의 특징으로부터 구별되어야 한다. 여러 통사적 기호들이 해체의 요건을 만족시키기에 충분하도록 명확하게 구성되지 않으면 혼란을 야기한다. 또한 그 기호들이 어떤 특징에 속하는지를 판단하기 위해 기호 도식은 결정적 분리를 이루거나 분절(articulate)되어야 한다. 이러한 분리가 이루어지지 않으면 통사론적으로 조밀(dense)하게 되어 통사적 기능을 할 수 없다.

의미론적 측면에서 비애매성, 해체 그리고 결정적 분리가 이루어져야 한다. 의미 파악을 위해 애매한 언급이나 특징으로 인해 추종 관계에 혼란을 주지 않아야 한다. 그리고 한 체계의 특징을 추종하는 집합은 의미론적으로 해체되어야 한다. 두 개의 다른 추종 집합들이 의미론적으로 해체되지 못하면 두 개의 다른 집합의 구성요소들이 특정한 언급으로 같은 의미로 해석될 수 있다. 한 추종 집합에서의 구성요소들이 다른 추종 집합에 속하지 않도록 해체적 요건을 만족해야 한다. 또한 결정적 분리가 되어야 추종 집합에 혼란이 야기되지 않는다. 동일하지 않은 두 가지의 특징 A와 B에 대해서 그리고 이 두 가지의 특징 중 어느 것에도 포함되지 않는 대상 h가 K를 추종하지 않으며 K'도 추종하지 않아야 한다. 이러한 요건에 위배되는 경우는 의미론적으로 적합한 기호체계가 될 수 없다.

라반노테이션은 통사적으로 해체의 요건을 갖추고 있다. 그러나 템포를 표시하는 기호나 방향을 표시하는 기호 등에서 통사적으로 결정적 분리의 요건을 만족시키지 못한다. 의미론적으로도 해체적 요건에는 부합되지 못하는 부분이 있으나 체계적인 분류법으로 인정된다. 라반의 기록법 체계는 인상적 도식에 의해 복합적이고 연속적으로 진행되는 동작을 분석적 개념 단위와 기호로 전환할 수 있는 논리체계를 갖추고 있다. 보편적 동작 기록체계로 개념적 동작기록이 가능하지만 우연적으로 만들어지는 부분이나 즉흥적으로 변화되는 부분은 기록하기 어렵다(Goodman, 1988).

악보에 따르는 음악의 경우에도 음악상의 카덴자 그리고 통주저음 기록법처럼 특수한 경우가 있다. 바로크 시대 유럽의 독특한 통주저음은 저성부에 부가된 기호가 없어도 연주자가 즉흥적으로 연주한다. 즉흥연주에서는 연주할 것을 준비하지 않고 연주자가 상황에 따른 기분에 따라 그 감흥을 즉석에서 살리는 연주를 한다. 이 경우 연주자는 작곡 행위를 겸한다. 협주곡에 삽입된 독주자를 위한 카덴자도 즉흥연주 부분이다. 현대 전위 음악이나 재즈 연주에서처럼 즉흥적이고 우연적인 부분은 악보로 기록될 수 없다. 무용에서도 즉흥적인 움직임은 기록되기 어렵다. 전위적 행위나 퍼포먼스나 해프닝처럼 일회적이고 우연적인 자유 형식은 기록에 포함되지 않는다.

무보의 가능한 범위를 규정해야만 기록하거나 기록을 바탕으로 재현되는 춤이 분명해진다. 공연을 실행하는 안무가나 무용수에게 우연적 효과는 필요하다. 그러나 기호적 요건에는 불확실한 부분이므로 기록을 근거로 공연되는 경우 그 부분의 동일한 특성을 재생산해 낼 수 없다. 애매한 문제를 일으키는 우연적인 부분들을 필수적인 부분이 아니라 보충적이고 비결정적인 부분으로 해야만 기록이 가능하다.

모든 대필적 예술에서의 기록의 문제처럼 무용의 기록도 작품의 구성적인 부분과 우연적인 속성을 구분한다. 기록에 의해 남겨지는 구성적 부분은 무용의 미적 특성과 별개이다. 무용기록에 관한 문제는 원작과 그것을 재현한 작품의 미적 가치를 논하는 것이 아니다. 음악에서 원작을 새롭게 해석한 변주가 새로운 가치를 창출할 수 있는 것처럼 원작의 재현 사례들이 제각각 독특한 미적인 가치를 지닌다. 햄릿을 현대적으로 해석하여 고증적 무대 장치나 장식품을 제거하고 현대화된 장치와 의상을 입고 나오는 공연의 경우에도 동일한 햄릿의 사례로서 가치가 있다.

무용에서도 어떤 국면이나 어느 정도의 범위 안에서 변형이 가능하며 이것이 작품이나 스타일의 가치를 훼손시키는 것이 아니다. 〈백조의 호수〉는 여러 나라와 단체들의 특색이 반영된 변형사례들로 사랑받고 있다. 특정 무용 스타일에서 구성형식에 해당하는 일반 스타일을 따르면서 개인적 스타일에 의한 변형이 허용된다. 발레의 경우 기본 발동작과 동작 어휘들을 기반으로 개인적 스타일로 변형된다. 이들의 동일성에 대한 판단은 추종되는 발레의 구성 부분에 달려있다.

무용기록에서 가장 큰 한계는 기록할 수 있는 근거가 충분하지 않다는 점이다. 무용은 극히 미묘하고 다양한 표현 그리고 고도로 복합적 구조로 나타나는 삼차원적 동작을 포함하기 때문에 어떤 기록방법으로도 명확하게 포착하기 어렵다. 생산의 역사로부터 독립적으로 춤의 동일성을 보존하는 기록은 쉽지 않다. 그러나 기록에 의하여 공연실행의 모든 미묘함이나 복합성을 포착해야 할 필요는 없다. 이러한 조건은 무용과 비교했을 때, 보다 단순한 음악에서도 기대할 수 없다. 기록은 무용에 포함되는 공연실행의 동일사례를 결정하는 필수적 속성들을 어떻게 구체화하느냐에 달려있다.

2장 상징적 언어체계

　　예술을 포함한 모든 현상과 추상적 개념을 언어체계로 논의하
는 굿맨(N. Goodman)의 분석철학적 미학에서는 '미'나 '예술'에 대해
개념이나 논리체계로 설명한다. 언어의 불명료하고 부적절한 사
용이 이론상의 혼란을 초래하게 된다는 점에서 개념적 의미와 언
어의 배열에서 나타나는 논리적 문제를 다룬다. 이러한 경향은 경
험주의 및 실증주의적 풍토가 강한 영·미의 두드러진 특징이다.
'미'나 '예술'의 본질을 논의하는 것이 아니라 '미'나 '예술'에 대해
서술한 문장을 대상으로 언어나 개념적 의미를 분석한다. 언어체
계의 규칙에 따라 구성되는 세계를 인식한다. 이때 논의의 기본단
위는 하나의 단어가 아니라 체계 의존적 문장이다. 그러나 이것은
언어적 표현과 그것들 상호 간의 관계만을 연구대상으로 하는 것
은 아니다. 언어는 인간의 행동과 문화의 매우 복잡하고 다양한
측면들에 관련되므로 모든 존재와 세계에 관한 논의이다.

　　예술에서 미적 경험이란 수동적인 의미가 아니라 끊임없는 연
구와 실험을 통해 이룩되는 역동적 의미이다. 관조적 체험이라는

오염되지 않은 시각을 통해 절대적 이해에 도달하기 어렵다. '쾌'나 '주관적 만족'으로 예술을 설명하는 것도 부적절하다. 예술이 아닌 다른 행위가 더 큰 '쾌'나 '만족'을 줄 수도 있으며 불만족스럽거나 불쾌감을 느끼게 하는 것 역시 예술이 될 수 있기 때문이다. 희미하고 일시적인 특별한 감정의 상태들로는 예술을 판단할 수 없다. 예술과 과학은 감각이나 이성, 종합이나 분석, 구체적이거나 추상적, 직관이나 추론 등으로 구분되는 것이 아니다. 무관심성(dis-interestedness)으로도 구별할 수 없다. 과학이나 예술 모두 실용적인 결과만을 추구하지 않으며 전통적 사고방식에서 벗어나 새로운 것을 탐구한다. 과학적 언어와 예술적 언어 모두는 상징이라는 점에서 다르지 않다.

상징이란 용어는 매우 일반적이고 광범위한 것으로써 문자, 단어, 텍스트, 회화, 도표, 지도, 모형 그리고 그 이상의 것을 망라한다. 모든 상징은 언어뿐만 아니라 비언어적으로 대상을 지칭(reference)한다. 용어, 기호, 상징과 지칭하는 것 사이에는 다양한 관계가 있다. 기원보다는 구조에 관심을 두며 지칭의 특징과 다양한 양상을 다룬다. 상징을 분석하는 논리적 도구로서의 지칭은 기호화하는 모든 유형과 사례를 망라하는 매우 일반적인 개념이다. 지시와 예시는 모두 대상을 지칭한다. 지시는 대상을 지칭하는 것이며, 예시는 대상의 속성을 소유한 부호를 만드는 것이다. 즉 지시는 대상을 가리키는 지칭이며 예시는 대상으로부터 부호화되는 지칭이다.

언어적 의미론에서 지시(denotation)는 진술의 진리치와 관련된다. '새가 노래한다'라는 문장 혹은 '새가 노래하는 그림'은 진짜로 노래하는 새를 재현(representation)한 것이 아니라 새가 소리를 낸다는 것을 지시해준다. 이와 같이 대상을 기술하는 언어나 비언어적 기호들이 지시하는 대상을 재현한다. 따라서 재현은 A1이 A를 모방한다는 의미에서 유사성이 아니라 하나의 대상을 언급한다는 의미에서 지시이다. 전통적 모방(mimesis)개념으로 설명하면 "A가 B와 확실히 닮았다면, A가 B를 재현한다. 혹은 A가 B를 닮은 정도로 A는 B를 재현한다"이다. 그러나 대상 그 자체와 최대한도로 닮을 수는 있으나 그 자체를 재현할 수는 없다. 대상이 최대한 그것 자체와 닮았다고 해서 그것을 재현하는 것은 아니기 때문에 유사성은 재현의 조건이 아니다.

유사성은 대칭적이지만 재현은 그렇지 않다. 유사성으로 설명하면 "A가 B를 닮았다면 B는 A와 닮았다"고 말할 수 있다. 그러나 쌍둥이 형제가 아무리 유사하다고 해도 상대방을 재현한다고 말할 수 없다. 재현은 유사성이 아니라 대상의 지시이다. 그러므로 재현은 언어적 지시, 도표적 지시, 인용, 기보법 등 실재하는 대상을 언급하는 하나의 상징이다. 회화의 재현 문제뿐만 아니라 지도, 그래프, 악보, 안무상의 기록법 그리고 모든 물리적 현상을 포함하는 상징양상은 지시이다.

예시(exemplification)는 대상의 속성을 소유한 견본이나 혹은 모든 가능한 부호와의 관계이다. 예시는 대상의 속성을 소유한 하나의 지칭이다. 즉 대상의 속성을 소유한 모든 형태의 부호는 대상을 지칭하는 예시이다. 예를 들어 천 조각 샘플은 천의 색, 직조, 질감 및 패턴의 속성을 지니고 있으며 소유하고 있는 속성을 예시한다. 표현된 속성들은 대상의 소유된 속성들만 예시한다. 차창 밖으로 날리는 사각형 모양의 천 조각은 사각형이 아니라 천의 속성을 예시하는 것처럼 금광을 그린 그림은 금광 그 자체의 속성이 아니라 급격히 증가하는 시장가치를 예시한다. 금광을 그린 그림은 회화적 상징으로서 전달하려는 속성을 은유적으로 예시한다.

예시는 그것이 소유하고 지시하는 속성들만을 드러내는 방식으로 대상을 지칭한다. 그리고 견본에 의해 예시되는 속성과 술어가 부호이다. 부호는 대상에 대한 언어적, 비언어적 모든 지칭 가능한 형태를 포함한다. 일반적으로 회화적, 음악적, 언어적 상징들과 같은 여러 종류의 상징들은 그러한 종류의 상징을 통하여 은유적으로 예시하려는 속성만을 표현한다. 표현은 소유된 것이지만 간접적으로 얻어진 것으로 제한하므로 재현과 비교할 때 이중으로 구속받게 된다. 지시나 재현은 어떤 것이나 가능하지만, 표현하는 것은 그것에 근본적으로 속해 있지 않고 단지 속성으로 소유된 것만을 나타낸다.

지시, 예시, 표현에 대한 개념은 실제로 상징의 양태에 적용될 때 복합적으로 연결된다. 예를 들어 〈하키 경기〉라는 무용이 포함된 극에서 빠르고 강한 에너지로 하키 경기의 충돌과 빠른 행위를 보여줄 때, 심판관이 대상들을 통제하려고 애쓰면서 경기를 시작하고 멈추는 장면에서 싸우는 운동선수들을 떼어 놓고 어떤 사람들을 벌칙 박스로 보낸다. 그리고 경기자와 관람자에게 위반과 벌칙 신호를 보낸다. 한순간에 이런 신호에 근거하여 춤(solo)을 춘다. 하키 경기를 재현하는 이러한 상징 행위들은 여러 사건을 지시한다. 특정한 경기의 사건이 아니라 하키 게임에서 흔히 나오는 사건을 지시한다. 그러나 전체적으로 이 작품은 어떤 특정한 하키 게임이나 보편적인 하키 게임을 재현하지 않는다. 초상화처럼 특별한 사람을 지시하거나, 독수리를 그린 그림처럼 보편적인 독수리 이미지를 지시하는 재현이 아니다. 이 작품에서 반인반수 그림처럼 허구적 대상을 재현한다. 이러한 재현으로 과거에도 미래에도 존재하지 않는 대상을 묘사한다. 허구적 재현의 장면은 특정 대상을 재현하거나 지시하지 않고, 오로지 '하키-재현'이라는 술어에 의하여 지시된다. 순수하게 추상적인 무용처럼 이 작품에서 특정 동작의 형태를 예시하며 속도와 방향을 변형하고 구성과 리듬을 변형한다. 하키 게임의 행위 그리고 춤동작 모두로부터 여러 가지 요소들이 결합한다.

하키 경기를 재현하는 장면에는 경쟁, 충돌, 공격, 실패 등 다양한 상황, 공격과 권력 사이에서 애쓰는 것이 표현된다. 그리고 느린 움직임으로 모든 선수가 골키퍼의 마스크를 쓰고 있는 장면에서 팽팽하고 길게 늘어선 방어적 긴장감을 표현하며, 두려워하는 얼굴로 미지의 운명과 맞서는 모습이 표현된다. 이러한 표현은 사실적인 예시와는 다르다. 즉 직접적인 싸움도 아니고 패배나 승리도 아니고 벌칙도 아니며, 의도적으로 무대에서 이루어지는 폭력이나 상해 행위도 아니다. 이것들은 은유적 예시이며, 만들어진 부호이다. 이것들은 은유적으로 소유된 속성이며 작품에 의해 지칭되며 작품에 의해 표현된 것이다.

지시, 예시, 표현은 상호작용한다. 행위 방식에 영향을 준 하키의 재현은 인식 안에서 조직되면서 작품에서 예시하고 표현하는 특징이 된다. 하키 경기 동작으로부터 왔으나 하키 경기 자체를 지칭하지 않는 많은 동작은 매우 다른 속성들을 예시하고 표현한다. 지칭은 사슬들로 연결되어 있으며, 각 고리가 지칭의 세 가지 기본 유형들로 구성된다. 하키를 재현하는 작품은 그 자체가 경쟁의 잔인함을 예시한다. 하키의 재현은 하키를 통하여 난폭함을 언급한다. 이 간접적 지칭은 그 자체가 하나의 지시나 예시 혹은 표현이 아니라 이 모두의 혼합으로 잔인성을 은유적으로 예시한다 (Goodman, 1976).

예술상징에서 새로운 부호의 적용이 은유이다. 이때 전이되는 것은 부호들의 집단이며 이러한 범위는 체계에 관련하여 상대적이고 유동적이다. 따라서 은유의 도식은 전이되거나 범주들의 이탈이 가능하며 은유는 계획된 범주적 오류이다. '고유한 유'에서 '다른 유'로의 전이는 관습에 의존되는 것이며 이것은 유(類)와 종(種) 개념의 고착적 성질에서 벗어나는 것이다. 설득력 있는 은유는 적합성과 새로움의 결합 그리고 기묘함과 명확성의 결합이다. 따라서 은유는 전이된 도식에서 낡은 부호의 재적용이 아닌 새롭고 주목되는 구성을 성취할 때 이뤄진다.

표현에 나타나는 은유적 전이는 흔히 과장이나 곡언법이나 반어법에 의한 내부적 전이 혹은 외부적 전이로 나타난다. 은유는 그 자체의 상징들 가운데서 주목되지 않았던 관계를 새롭게 드러낸다. 상상적 암시, 알 수 없는 제안, 그리고 근본적 경계의 과감한 초월을 위한 표현이다. 표현적 부호들은 흔히 볼 수 있는 익숙한 속성들을 나타내지 않는다. 대상과 사건들을 사실적으로 전달하는 흔한 특징이 아니라 은유적 상징으로 전달한다. 상징적 언어체계이론에서 지칭의 종류에 대한 명료하고도 차별적인 규정은 상징체계에 적용되는 단계에서 그 경계가 일시적이며 유동적이다.

무용에서 절하기, 부르기 등의 일상적 동작이나 힌두(hindu)의 손동작이나 축복의 신호와 같은 의식 행위에서 특정 의미를 지시하는 재현적 동작을 한다. 행위 그 자체를 똑같이 모방하는 것이 아니라 행위가 지닌 속성을 묘사하고 재현하고 지시한다. 사다리를 오르거나 창문을 닦거나 걷는 등의 마임은 그 행위 자체를 지시하는 것이 아니라 마임이 지시하는 행동이 포함된 행위를 보여준다. 마임의 걷는 행위는 걷는 것을 지시하는 것만큼 걷는 성질을 잘 예시해 준다. 이것은 '짧다'라는 단어가 짧음성(보편적 개념으로서)을 잘 예시해 주는 것과 같다. '새'라는 단어나 '새를 그린 그림'은 새라는 존재 자체가 아니므로 일반적이거나 구체적인 새를 지시하는 부호가 아니라 '새'의 속성을 보여주는 하나의 부호이다. 마찬가지로 '날갯짓'하는 마임은 일반적이거나 특정한 날갯짓을 지시하는 부호가 아니라 '그 날갯짓'에 포함된 속성을 예시하는 하나의 부호이다.

인간의 행위가 부호로서 지시하는 것은 동의하거나 반대할 때의 끄덕임, 인사, 절하기, 지적하기 등이다. 예를 들어 머리를 좌우로 흔드는 것은 불찬성의 부호이다. 오케스트라 지휘자의 동작은 그 동작 자체를 지시하는 것이 아니라 소리를 이끌어 내는 부호이다. 이것은 어떤 음악의 속도나 운율과 같은 속성을 예시한다. 음악을 듣고 반응하는 행동에서 발과 손가락을 가볍게 두드리기, 고개를 흔들거나 그밖에 다양한 행동들은 음악의 속성을 예시한다. 동작들은 음악에 대해 반응하거나 명령하기 위해 사용된다. 행위와 음악과의 관계에서 이런 부호들은 우리가 듣는 것을 분석, 조직, 기록하는데 적용된다. 이런 부호들은 그것 자체가 음악과 공통되는 어떤 특별한 속성을 가질 필요가 없다.

예시되는 속성은 부호이며 언어나 직접적인 행위 각각으로 예시할 수도 있으며, 이들을 복합적으로 결합해서 표현할 수도 있다. 동작을 가르치는 경우 동작 예시와 언어 지시가 함께 나타난다. 무릎을 구부리는 동작 시범은 그것 자체가 특정 동작을 예시하는 부호이며, '낮게'라는 말에 적절한 반응은 '낮게'라고 말하는 것이 아니라 더 깊이 구부리는 것이다. 무용 안무가의 경우 오케스트라 지휘자와는 달리 시범을 보여준다. 이때 시범은 실행되어야 하는 행위의 필요한 속성을 예시한다.

현대무용에서는 주로 지시보다는 예시를 한다. 이때 예시하는 것은 표준적이거나 친근한 행위들이 아니라 리듬의 역동적 형태이다. 그 예시된 형태와 속성은 경험을 재조직하며 연결된 동작들은 흔히 연합되지 않거나 차별되지 않는 다른 것들을 구별하며 암시를 강화한다. 동작이 예시하는 부호는 동작 그 자체이기 때문에 언어적 묘사로 동작을 설명할 수 있는 적절한 말을 찾는 것은 어렵다. 은유적으로 대상에 대한 낯선 부호로 전이된다. 표현은 대상을 지칭하는 것이기는 하지만 새로운 영역에 전이되어 생소하게 느껴지는 새로운 체계를 구성한다.

상징이론에서 표현(expression)은 감정과 분리된 은유적 예시이다. 얼굴표정은 공포나 분노 혹은 사람이 느끼는 미안한 감정의 결과가 아니다. 얼굴의 표정들이 그런 감정에서 발생하거나 신체적 표현의 지각에서 비롯되지 않는다. 예를 들어, 기쁨의 표현은 예의 바르게 불편함을 참는 것일 수도 있다. 그리고 내면의 공포로 인하여 비열하게 찬성을 표현할 수도 있다. 배우의 얼굴표현은 감정에 상응하는 느낌에서 나오지 않을 수도 있다. 이처럼 표현된 감정은 내면의 상태와 직접적인 관계라고 할 수 없다.

예술 작품에서 느낌을 표현할 때조차 표현한 것을 직접 느끼지 않아도 된다. 무용수가 슬픔을 느끼지 않고도 관객이 슬픔을 느낄 정도로 '슬픔'을 표현할 수 있으므로 표현과 감정 사이에 관련이 없다. 얼굴이 고통을 표현할 때 보는 사람은 고통 그 자체보다 동정심을 느낀다. 신체가 증오와 분노를 표현하면 혐오스러운 공포의 감정이 느껴진다. 즉 표현이란 작품 자체의 느낌이나 감정이 아닐 수 있다. 특정한 동작이 용기와 명석함을 표현하지만, 관객들에게 동일한 감정이 전달되는 것은 아니다. 예술의 가장 원초적 기능으로 감정적 표현을 언급하지만 표현이란 특정한 속성을 지칭할 뿐이다.

표현이란 상징 자체의 속성이 포함되어 있는 경우와 구별된다. 무용수가 느끼는 긴장감, 우울 등의 내적 감정이 직접적으로 동작 표현을 결정하지 않는다. 위선자의 기뻐하는 얼굴은 근심을 표현할 수 있으며, 둥근 돌을 그린 그림이 폭력을 표현할 수 있다. 그러므로 상징의 속성은 표현하려는 의도의 속성을 표현하게 된다. '슬픔성'을 표현한 것은 은유적으로 슬픈 것이다. 그리고 은유적으로 슬픈 것은 실제적이거나 사실적 슬픔은 아니다. 그것은 '슬픔'과 연관된 어떤 부호이다. 표현에 대한 고전적 개념은 창조한 예술가의 감정과 느낌 혹은 그것을 받아들이는 관객의 경험이다. 은유적 예시라는 현대적 개념은 논리적 표현과 자기표현 사이를 구분한 것이다.

표현의 경계란 예시와 속성 사이의 차이 그리고 은유적인 것과 사실적인 것 사이의 차이에 달려 있으나 이와 같은 경계는 희미하고 일시적이다. 은유적 혹은 사실적 특징의 상태는 종종 불분명하다. 비교적 소수의 특징만이 순수하게 사실적이거나 영구적으로 은유적이기 때문에 은유적 예시와 사실적 예시의 차이점이란 일시적이다. 소유된 속성을 지칭하는 것이 흔히 은유적 예시와 사실적 예시의 공통적이며 이들 사이의 구분은 일시적이므로 표현에 적용하면 확실하게 구분되지 않는다. 표현은 상징에서 은유적으로 지칭하는 부호와 관계된다. 그리고 간접적으로 주어진 은유뿐만 아니라 그 부호의 사실적 범위에도 연결된다. 그리고 대상에 대한 부호와 다른 부호들의 대상과 관련되는 기본적 지칭 관계인 다양하게 긴 사슬들은 특정한 상징으로부터 나온다.

사실과 허구에 대한 기준은 구성되는 언어체계에 따라 달라지며 개인의 관심이나 이해에 따른 선택에 의해 만들어진다. 감각적 지각의 문제에서 어떻게 보느냐 뿐만 아니라 무엇을 보느냐는 필요와 선입견에 의해 조정된다. 시각에 의해 선택되고 거절되고 조직되고 구별되고 연합되고 분류되고 구성된다. 시각적으로 받아들이고 해석하는 절대적 기준이 없다. 우리가 지각하는 대상이란 있는 그대로 보이거나 적나라하게 제시되는 것이 아니다. 왜냐하면 감각으로부터 받아들인 소재를 특정한 방법으로 처리하여 인식하기 때문이다.

대상을 보는 방식은 정상적 시각으로, 적절한 거리에서, 관심이 있는 대상에 관해 호의나 적의나 이해관계에 의한 선입견이 없어야 한다. 즉 대상은 자연스러운 환경에서 자유롭고 순수한 눈으로 본 것에 의해 재현되어야 한다. 그러나 우리가 보고 묘사하는 방식은 개인의 경험, 실행, 관심, 태도에 의존하여 다양해진다. 여기서 포착한 시각은 다른 곳에서는 순수한 시각이 아닐 수 있다. 우리의 시각, 후각, 청각, 미각, 촉각은 과거에 사로잡혀 있으며 뇌의 반사 신경이나 순간적 감정에 이끌린다. 특히 시각은 복합적이고 민감하게 반응한다. 예술가가 중립적인 시각을 유지하는 것은 중요하다. 그러나 순수하게 중립적인 시각을 갖는 것은 불가능한 일이다.

예술 현상에서 지각 대상과 지각자 관계의 절대적 방식은 없다. 언어체계의 상징성은 심리, 역사, 문화와 관련된 상대적인 개념이다. 대상을 재현하는 것은 대상을 사실적으로 그대로 복사하는 의미가 아니다. 대상을 재현할 때, 대상이 존재하거나 보이는 방식들 중의 하나이다. 세계는 다양하게 구성되는 것이며, 사실세계와 허구세계는 체계 의존적인 상대적 의미이다.

속성을 소유한 새로운 부호를 만드는 은유적 예시와 사실적 예시 사이의 차이는 허구적 재현과 사실적 재현의 차이처럼 관습의 문제이다. 고착성에 의하여 사실성과 허구성이 구분된다. 재현과 표현은 관습에 의해 형성된 관계이다. 이국적이고 낯설게 느껴지는 표현보다 익숙하게 보이는 표현을 보다 본질적인 것으로 판단한다. 이러한 판단이 절대적이거나 보편적인 것은 아니다. 관습은 시간이나 장소, 사람, 문화에 따라 광범위하게 다르게 나타난다. 일본의 전통춤에서 무용수가 표현하는 감정을 이해하기 어렵다. 고뇌, 증오, 분노 혹은 절망, 욕구의 감정이 즉각적으로 나타나지 않는 얼굴 표정은 어느 정도 문화와 관습에서 비롯된 것이다. 인간의 감정표현은 근원적이고 불변하는 방식으로 표현되는 것이 아니라 다양하게 변화될 수 있다.

무용은 상대적 의미의 상징적 언어 체계이다. 관습에 의해 다양해지는 표현은 은유적으로 소유된 속성을 예시하는 것이다. 전 세계에 똑같은 의미를 가져오는 보편적 단어나 상징의 양태는 없다. 또한 세계 전체에 동일한 반응을 자극하게 하는 신체의 움직임이나 얼굴 표정이나 동작들 역시 없다. 몸을 굽히는 것은 고통, 겸손, 웃음 혹은 공격을 준비하는 것을 나타낸다. 어떤 사회에서 미소는 우정을 표시한다. 그러나 어떤 사회에서는 당황스러움을 표시하거나 긴장이 해소되지 않는다면 적의와 공격이 따르게 되는 경고가 된다. 인간이 느끼는 감정을 표현하는 방법은 관습이나 개별적 시각에 의해 상대적으로 구성된다(Goodman, 1976).

3장   심신 수반관계

　물리적 실체와 정신적 실체를 각각 인정하면서도 이들의 관계를 설명하는 현대 심리철학의 개념이 심신수반(psycho-physical super veni ence)이다. 인식론의 영역에서는 인식적 속성과 비인식적 속성의 관계, 윤리학에서는 도덕적 속성과 자연적 속성의 관계, 미학의 영역에서는 미적 속성과 물리적 속성의 관계를 설명한다. 인간의 정신적 영역에서 추상적 사고, 감정, 욕망, 가치관 등은 신체 자세나 동작으로 드러난다. 그러나 특정 감정과 신체 동작은 서로 독립적인 관계이다.

　수반하다(supervene)나 수반(supervenience)이라는 말은 어떤 사건이 주어졌을 때 다른 사건이 그것에 덧붙여진다는 의미이다. 시간적 질서를 내포하는 수반된 사건은 수반하는 사건의 다음에 그 결과로 발생한다. 유기체나 물리적 대상의 세부사항이 정해지면 그것의 심리적 특성들도 정해진다는 의미에서 심리적인 것은 물리적 실체에 의존한다. 만일 두 유기체나 물리적 대상이 심리적 측면에서 차이가 있다면 반드시 물리적 측면에서도 다르다.

수반의 개념적 원리는 물리계와 물리 법칙의 우위성을 분명하게 밝히고 물리적인 환원주의에 빠지지 않으면서도 심적인 것의 자율성을 지킨다. 심신 수반 자체가 신체적 현상을 일으킨 심리적 원인을 밝히는 이론은 아니다. 단지 심적인 것과 물리적인 것 사이에서 성립하는 속성 간의 공변 패턴을 서술하고 이들 사이의 의존관계를 설명한다. 그러므로 수반은 절대적인 관계가 아니라 속성 공변의 패턴들에 관한 현상적인 관계를 설명한다.

한 사람이 배를 움켜쥐고 찡그리는 동작을 하고 있다면 이것은 그 사람의 진짜 감정 상태와 독립적으로 고통이라는 느낌을 수반한다. 한 사람이 가슴을 펴고 당당하게 걷고 있다면 심리적으로 자신의 두려움을 감추기 위한 것이라 해도 자신감이 느껴진다. 물리적 현상을 초래한 복잡한 정신적 과정과는 독립적으로 인간의 행동에는 심리적 속성이 수반된다.

근본적인 인과관계는 물리적인 차원에서 일어나며 심리적 인과관계는 물리적 인과관계에 수반된다. 수반론에서 기초적인 비창발적 실재들은 물질적인 실재들과 그들의 물리적 속성이다. 기초적인 실재가 어느 정도의 복잡한 수준에 도달하면 새로운 속성 즉 가치적 속성이 창발된다. 이처럼 새롭게 나타난 정신적 속성들은 관계를 맺고 있는 기초적인 실재들의 총합에 귀속되는 특성이다. 그러나 새롭게 창발되는 속성은 그것의 기초가 되는 물리적 속성에 의해서 환원적으로 설명되지 않는다.

인간의 행동은 환경에 대한 직접적인 감각과 그에 대해 반응하는 방식에 따라 공간에 나타나는 동작이 복잡해지며 창발되는 심리적 속성 역시 점차 복잡해진다. 인간 몸에서 사회적 이념, 문화와 관습, 개인적 심리의 가치체계는 다양한 동작 양상으로 나타난다. 동서양의 문화와 관습에서 비롯된 자세와 동작들에는 다양한 정신적 속성들이 수반된다. 여러 문화권의 무용에는 한 사회에 귀속된 이념적 가치가 수반된다. 동작 현상에 수반된 미적 가치가 다르므로 무용의 물리적 형태에 따라 의미가 달라진다.

인간은 다양한 형태의 춤을 추었으며 이러한 춤에 미묘하고 복잡한 가치체계가 수반된다. 움직임의 수준이 어느 정도 복잡해지면 새로운 정신적 속성이 나타난다. 특정한 제스처를 공간 내에서 더 뚜렷이 지각될 수 있도록 동작을 늘리거나 빠르게 하거나 반복하거나 어떤 일정한 리듬을 부여하여 동작과 동작의 단위를 점차 쌓아나가므로 연속적인 동작이 구성된다. 이러한 동작에 긴장과 이완, 강한 것과 유연한 것을 섬세하게 대조시켜 나가면서 동작의 역동성을 높이게 된다. 이처럼 형태가 복잡해지는 과정에서 심리적 속성도 변하게 된다. 동작을 어떻게 조절하는지에 따라 미적 함축은 고조된다. 신체를 길게 늘이거나 높게 뻗어 올릴 때 미묘하게 형태가 달라지는 것에 따라 미적 속성이 달라진다.

심신수반의 세 가지 조건은 첫째, 물리적 현상의 속성에서 차이가 없는 것은 정신적 특질에서도 차이가 없다. 둘째, 정신적 특질들은 그들의 근거가 되는 물리적 현상에 의존하거나 그것들에 의해서 결정된다. 셋째, 심리 속성들은 그 근거가 되는 물리적 현상으로 환원시킬 수 없다. 심리적 특성이 동작 현상에 의존하거나 수반된다는 견해에서 두 사건이 모든 물리적 현상 측면에서 같으면서 심리적 속성에서 다를 수는 없다. 그리고 어떤 대상의 물리적 현상이 변화하지 않고는 심리적 측면에서 변화할 수 없다. 또한 심리적 특성이 물리적 특성에 의존되어 있지만 심리적 특성과 물리적 특성을 연결하는 유일한 법칙이 존재하지 않으므로 심리적 특성은 물리적 특성으로 환원될 수 없다(Kim, 1984, 1990).

라반의 동작분석 개념으로 공간에 나타나는 물리적 속성과 정신적 속성의 수반관계가 설명된다. 첫째, 공간에 나타나는 형태(shaping)에서 차이가 없으면 심리적 특질인 에포트(effort)에도 차이가 없다. 즉 토대가 되는 물리적 속성에서 차이가 없는 것은 수반된 심리적 속성에서도 차이가 없다.

둘째, 공간에 나타나는 형태(shaping)가 달라지면 심리적 속성 즉 에포트도 달라진다. 수반된 에포트 속성들은 그들의 근거가 되는 물리적 형태의 속성들에 의해서 결정된다. 그러므로 토대가 되는 물리적 속성에 따라 수반된 심리적 속성들이 변화한다. 공간 방향에 나타나는 동작 형태(shaping)에는 심리적 속성인 에포트가 수반된다. 수직의 차원에서 상승과 하강하는 형태에 무게에 대한 감각(sensing)이 수반된다. 위로 올라가는 형태에는 가벼운 속성, 아래로 내려가는 형태에는 무거운 속성이 수반된다. 수평의 차원에서 확장하거나 좁히는 형태에는 공간에 대한 생각(thinking)이 수반된다. 확장하는 형태에는 공간의 방향이 흩어지는 속성, 좁혀지는 형태에는 공간의 방향이 한 지점으로 모이는 속성이 수반된다. 전후 차원에서 전진하거나 후진하는 형태에는 시간에 대한 직관(intuition)이 수반된다. 전진하는 형태에는 시간상 흐름이 변하지 않는 속성, 후진하는 형태에는 시간상 빠른 변화의 속성이 수반된다(Matthews, 2001).

셋째, 공간에 나타나는 형태와 심리적 속성은 수반적 관계이지만, 환원적인 관계로 설명되지 않는다. 수직축의 위로 올라가는 동작이 항상 가벼움을 수반하는 것은 아니며, 아래로 내려가는 동작이 항상 무거움을 수반하는 것이 아니다. 몸을 밖으로 확장할 때, 항상 공간의 초점이 분산되는 것은 아니며, 몸쪽으로 좁혀지는 동작을 할 때, 항상 공간의 초점이 집중되는 것은 아니다. 또한 전진하는 동작을 할 때, 항상 일률적인 시간의 흐름이 나타나는 것은 아니며, 후진하는 동작을 할 때, 항상 시간의 변화가 나타나는 것은 아니다. 즉, 수반된 심리속성(에포트)과 물리적 속성(형태)은 비환원적 관계이다(나경아, 2005).

미적 판단은 물리적 속성에 근거한다. 미적 속성이란 독립적으로 나타나는 것이 아니라 물리적 현상에 수반되는 정신적 속성이다. 예술의 현상과 가치를 설명하는 미적 수반은 존재의 기초속성을 얼마나 소유하였는지의 여부에 따라 강한 수반과 약한 수반으로 혹은 존재론적 수반과 귀속 수반으로 구분된다. 은유적 표현은 이미 존재하는 실재의 속성들을 표상하는 것이 아니라 은유적 표현을 언급함으로써 새로운 속성들을 창발한다(김혜련, 1992, 1994).

2부

무용분석
방법

무용에 관한 지식을 만들기 위해서 필수 구성 요소를 체계적으로 분석하고 종합적으로 해석한다. 인식 가능한 형태적 특징과 보이지 않는 배경지식이 연결될 수 있도록 세부적인 사항을 검토한다. 개념적 기준틀(reference frame)을 활용하면 감각의 불확실성을 극복하면서 논리적인 추론과정을 이끌어 갈 수 있다(Adshead, 1988).

구조분석에서 형태를 세부적으로 관찰하고, 주요 특징과 이들의 관계를 묘사하고 비교하여 판단한다. 개인의 관찰 능력과 춤에 대한 경험에 따라 분석 결과에 차이가 있지만 적절한 동작 분석 방법을 활용하면 객관적인 접근이 가능하다. 맥락분석에서는 개념구조 안에서 무용과 관련된 배경지식을 연결한다. 관련 문헌과 원자료가 부족한 무용의 경우에는 역사적 자료를 발굴하고 관련된 문헌을 폭넓게 조사해야 한다. 이때 시대, 문화, 학제를 초월하여 해석의 지평을 넓히는 통합적 사고가 필요하다.

동작분석에서 춤 양상을 정밀하고 세부적으로 검토하기 위해, 동작 이미지를 시각화하거나, 운동학적 데이터를 활용하거나, 범주적 개념 틀을 활용한다. 무용 동작의 물리적 현상을 포착하기 위해 몇 분짜리 작품을 무한 반복 관찰하거나 2시간 넘는 작품을 몇 개의 장면으로 요약할 수 있다. 반복 관찰과 개념화 과정은 단순히 무용 동작을 특정 단위로 환원시키는 수동적 작업이 아니다. 미적 가치의 근거를 제시하는 능동적이고 창조적인 과정이다.

무용의 특징을 섬세하게 식별하기 위해 기준틀에 따라 분석된 내용은 결국 하나의 관점으로 통합된다. 다층적 개념 범주를 체계적으로 적용하는 과정에서 분석요인과 그들의 관계를 조직하여 범주화하고, 눈으로 포착한 무용 현상을 개념적으로 분류하여 관련 자료들을 종합적으로 해석하고 평가한다.

춤의 다층적 구조들을 분석하다 보면 퍼즐 조각처럼 무수히 많은 조각으로 나누고 합쳐나가는 과정에서 의미가 발견된다. 작품의 의미와 가치판단에서 여러 가지 다른 관점들이 공존할 수 있다. 무용 작품을 창작하는 것, 춤을 추는 것, 춤을 감상하는 것, 춤에 관해 평가하는 것, 춤 관련 지식을 만드는 것, 춤을 교육이나 치료적으로 적용하는 것 등 춤에 관한 관점에 따라 의미와 가치들이 다양하게 발견된다.

4장 구조분석

공연 예술 무용, 대중적 오락 무용, 다양한 문화를 반영하는 민족 무용에 이르기까지 춤 스타일은 다양하다. 구조적 측면에서 구성 요소와 이들의 관계를 나타내는 형식으로 춤의 특징을 분석할 수 있다. 구성요소들과 이들의 관계를 연결하는 개념적 틀을 활용하면 춤의 형태가 체계적으로 파악된다. 영상자료를 반복 관찰하면 구성요소들이 파악되고 시간에 따라 요소들이 결합되어가는 방식이 발견된다. 무용 동작이 시간과 공간을 따라 진행되면서 동작과 리듬, 동작과 소리, 동작과 색, 동작과 조형적 디자인의 관계가 변화한다. 관찰된 요소를 체계적으로 진술하는 구조 분석으로 신체 동작의 다양성과 시공간적 복합성이 구체적으로 설명된다.

1. 구성요소

무용의 구성요소는 동작, 무용수, 공간, 시간으로 구분된다. 이들 영역에서 스타일의 기본적 특징이 나타난다. 동작은 특정한 자

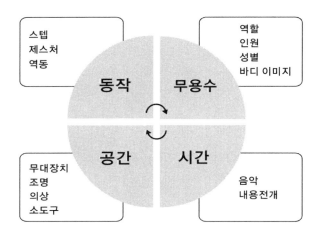

세, 스텝, 제스처를 기본으로 다양한 방식으로 변형된다. 신체가
확장되거나 수축하면서 자유롭거나 억압된 감정이 드러난다. 신체
의 긴장과 이완으로 리듬의 강약을 조절하면 역동성이 표현된다.
신체를 고정하거나 돌고 뛰고 도약하는 운동기술은 물리적 힘의
관계로 인간의 몸을 조절하는 생물학적 반응능력이다. 분절적인
동작과 연속적 동작이 서로 연결되면서 복합적이고 암시적인 의미
가 나타난다.

　무용수가 몸을 움직일 때 운동 지각과 감각 반응 능력에 따라
동작 흐름, 충동, 강조, 전이의 방식이 달라진다. 무용수는 반복훈련
을 통해 타고난 운동 감각 능력을 특정한 방식으로 제어하게 된다.
또한 무용수의 성별, 역할, 인원 구성 등에 따라 특징이 달라진다.

　무용은 시공간적 요소로 전개된다. 동작의 나열, 반복 등 일정한
시공간적 흐름을 따라가며 작품이 전개된다. 공간의 영역에서 의

상이나 소도구를 통해 몸의 이미지가 확장되고 무대 공간에 의해 움직임 형태가 발전된다. 시간의 영역에서 음악의 구성형식과 극의 내용을 따라 전개된다. 동작이 구현되는 조형적 공간이 시간적 흐름에 따라 연결된다. 무용은 시간적 공간구조를 지닌 공연양식이다.

1) 동작

무용에 대한 감정적 반응이나 의미 해석이 분분한 것은 몸의 언어가 시간과 공간을 초월하는 보편적 의미를 담고 있지만 특수하고 다양한 방식으로 상징화되기 때문이다. 인간 신체의 보편적 구조와 기능 그리고 의도적으로 고안된 특정한 움직임 방식으로 동작 기교가 발전된다. 춤 스텝과 제스처에는 생물학적 운동감각, 사실적 재현, 은유적 표현의 영역에서 다양한 양상으로 나타난다. 무대에 제시된 동작들은 시공간의 요소를 초월한 환상적 경험을 불러일으킨다. 발레에서 공중을 떠다니는 것처럼 보이는 포인트 기법으로 비현실적 균형감 그리고 중력의 지배를 벗어난 것 같은 점프 동작으로 탁월한 운동감각을 보여준다. 일본의 전통무용에서는 움직임의 변화를 거의 느낄 수 없을 정도로 느리고 보폭이 작은 스텝으로 신비로운 느낌을 보여준다. 이로써 시간과 공간을 초월하는 분위기가 연출된다. 신체 동작의 운동성 한계를 실험하는 동작들은 의식 안에 새로운 경험을 재조직한다.

무용에 나타나는 역동성은 한순간 나타나는 긴장감, 힘, 속도

라 실피드 (La Sylphid)

낭만발레 〈라 실피드〉에서 마리 탈리오니는 토욱으로 초월적 요정 이미지를 표현한다. 장슈나이츠 호퍼의 음악을 따라 1막에서 제임스 앞에 나타난 실피드의 이야기가 시작된다. 2막에서 실피드는 마녀의 독이 든 스카프에 의해 죽게 된다. 로맨틱 뜌뜌를 입은 요정들은 어슴푸레한 달빛 아래에서 날아다니며 춤을 춘다.

혹은 갑작스러운 공간 변화 등으로 나타난다. 동작을 늘리거나 빠르게 반복하여 일정한 리듬을 부여하고 동작과 동작의 단위를 연결하면서 강한 힘과 유연한 흐름을 섬세하게 대조시켜 나가면서 동작이 발전된다. 동작 형태가 복잡해지는 과정에서 역동성이 발전하며 동작의 역동성을 어떻게 조절하는지에 따라 의미가 달라진다. 〈백조의 호수〉에서 백조(오데뜨)의 부드럽고 가벼운 동작과 흑조(오딜)의 강한 점프와 후에떼뚜르 동작은 인간 심리를 대조적으로 표현한다. 동작의 역동성은 강한 힘과 속도에서뿐만 아니라 약한 힘과 속도에서도 나타나며 재빠르고 날렵한 동작과 부드럽게 흐르는 동작을 대비시키면 역동성이 더욱 커진다.

양식화 동작 양식화 과정에서 선호하는 미의식이 반영된다. 양식화된 무용에서 기본자세와 스텝으로 공간 내에서 보다 뚜렷하게 지각될 수 있는 형태가 나타난다. 양식화된 춤에는 동작 결합 방식의 특징이 있으며 자세와 동작들뿐만 아니라 역동성에서 특징이 있다. 발레에서 공간의 중력 지배를 벗어난 것 같은 가벼운 상체 동작과 강한 힘을 보여주는 하체 동작 기교로 역동성을 표현한다. 한국무용에서는 호흡을 들이마시고 내쉬면서 섬세한 동작을 하다가 호흡을 멈추는 '정중동' 순간에 고조된 감정을 끌어올리는 방식으로 역동성이 표현된다.

발레는 프로시니엄 무대에서 무대 정면을 향해 구조화되면서 동작의 선을 강조하게 되었고, 오랜 전통 속에서 관객과 소통할 수 있는 동작 언어가 체계화되었다. 발레리나-발레리노, 뚜뚜와 토슈즈, 스펙타클한 무대, 사랑의 이야기, 고전음악의 양식적 구성요소를 갖추고 있다. 발레리나의 긴 목, 늘어진 어깨, 척추를 수직으로 고정하는 자세는 유럽 궁정의 귀족적 자세를 반영한다. 동작은 골반의 외전(turned out)을 기본으로 하여 발과 팔의 포지션이 구성된다. 전체적으로 조화와 균형을 이루는 자세와 제스처를 기반으로 동작기교가 발전되었다.

한국무용은 20세기 초 서양식 프로시니엄 무대에 맞추어 양식화되기 시작했다. 궁중춤과 민속춤 그리고 무속 의식에서 유래한 동작들이 무대화되면서 〈승무〉, 〈살풀이춤〉, 〈태평무〉, 〈부채춤〉, 〈장구춤〉 등이 만들어졌다. 가슴에서 나오는 호흡이 어깨와 팔로 뻗어 나가며, 다리도 호흡에 따라 굴신한다. 호흡과 일치된 동작이 곡선적인 공간 형태로 나타난다. 한국 춤은 음양의 조화로 흐르는 선과 호흡 그리고 땅을 굳건히 밟고 딛는 발동작들로 자연스러운 인간 감정을 표현한다.

양식화된 동작에는 전통적 규범을 그대로 이어가는 측면도 있지만 시대에 따라 양식을 변화시켜나가기도 한다. 동일한 동작을 더 빠르고 높게 뛰는 스텝으로 발전시키며 인간 신체의 한계에 도전한다. 또한 시대적 감각을 반영하는 동작들이 삽입되기도 한다.

재현적 동작　특정한 사실과 직접 관련된 동작은 재현적(representation) 동작이다. 마임 동작으로 구체적 사실을 가리키거나 성격과 감정을 나타낸다. 일상에서 일어나는 모습을 사실적으로 묘사하거나, 동물의 모습을 재현하거나, 상황을 묘사하기 위해 사다리를 오른다거나 유리창을 닦는 동작, 싸우는 동작으로 의미를 전달한다.

발레의 줄거리를 전달하는 '발레닥숑' 부분에 마임적 연기 장면이 나온다. 〈백조의 호수〉, 〈지젤〉, 〈코펠리아〉 등에서 오른손 집게손가락으로 왼손 반지 끼는 손가락을 가리키면 결혼, 결혼식, 배우자를 나타낸다. 머리 위로 두 손을 돌리면 함께 춤을 추자는 뜻이다. 〈잠자는 숲속의 미녀〉 바리아시옹 부분에서 '파랑새의 춤'은 새의 모습을 재현하는 남자 무용수가 음악에 맞추어 자신의 기량을 보여준다. 〈라 실피드〉에 등장하는 마녀의 마임 연기에서 남녀 주인공의 미래를 예언하는 동작을 한다. 〈지젤〉에서는 실성한 여주인공의 모습을 재현한다.

현대무용에서는 일상적 삶을 살아가는 인간의 모습이 사실적으로 재현된다. 신체에는 부분적으로 정신, 감정, 육체와 관련된 내적 의미가 수반된다. 생물학적 구조와 관련된 상징으로서 뇌가 위치한 머리 부분의 움직임은 인간의 정신, 심장이 위치한 가슴 부분은 인간의 감정, 소화 기관과 생식기가 위치한 복부와 골반 움직임은 인간의 육체적 활력을 나타낸다. 척추의 배열로 이루어진 몸통의 뒷부분인 등쪽 움직임에는 인류 보편의 감정이 나타난다. 사지는 몸통에 가까운 부분에서 육체, 중간 부분은 감정, 손이나 발의 움직임은 정신을 나타낸다. 머리에서 뒤통수 부분은 육체, 정수리 부분은 정신, 얼굴은 감정을 나타낸다.

인간 움직임이 일어나는 신체 부분에 따라 그리고 움직이는 방식에 따라 생각과 감정뿐만 아니라 욕망이 드러난다. 몸을 전체적으로 움츠리고 고개를 숙이는 동작에는 두려움이 나타나고, 사지를 활기차게 움직이고 가슴을 젖히는 동작은 힘과 밝은 에너지가 나타난다. 팔을 위로 들고 뛰어오른다면 기쁨과 환희, 온몸을 부들부들 떨면서 노려보고 있다면 분노, 머리를 감싸고 주저앉으면 고통스러운 감정이 나타난다. 몸통과 사지의 움직임이 절제되고 머리 부분을 수직으로 세운 상태에서 손끝으로 방향을 제시하고 있다면 사무적이고 딱딱한 정신 상태이다. 반면 가슴을 숙였다 젖히면서 팔다리를 휘두르고 있다면 격정적 감정 상태이다. 외적으로 드러난 인간 행동 방식과 거기에 수반되는 인간의 내적 속성이 고착화되면 일반적 성격유형이 만들어진다. 좁고 구부러진 어깨 그리고 종종거리는 걸음은 현대사회로부터 소외된 인간의 나약함과 소심하고 두려워하는 성격 유형을 묘사한다.

표현적 동작　춤을 통해 의식적이거나 무의식적인 반응 그리고 사고, 감정, 육체적 본능이라는 내적 동기가 복합적으로 상징화된다. 랑거(Langer, 1957)는 무용에서 가상적 힘의 상징화가 나타난다고 했다. 규범적 질서로부터 벗어나서 내면의 자유로운 에너지를 상징화한다. 현대춤에는 인간 정서와 무의식적 반응으로부터 이전에 상상하지 못한 동작 상징들이 나타났다. 이사도라 덩칸은 규범과 전통에서 벗어난 몸짓으로 자연을 묘사하고 의식의 자유를 표현했다. 마리 뷔그만은 의식의 흐름을 따라 내면을 탐색하는 기괴한 동작을 표현했다.

즉흥적 동작　즉흥성은 예술 무용에서 춤 기법을 발전시켜왔다. 구성요소 간의 새로운 관계를 발견하여 형식을 변화시키고 공간과 시간 탐색을 위한 아이디어를 제공한다. 특히 접촉에 의한 움직임에서 중력의 작용이 가져오는 우연적 힘을 사용한다. 서로의 에너지에 집중한 탐색 과정은 인간 신체의 구조를 우주적 힘과 연결한다. 이러한 과정에서 운동 감각이나 의미 체계가 복잡하게 결합하여 새로운 이미지가 창출된다.

자유로운 선택과 외적 형식 사이의 균형적인 조건을 만들기 위해 계속해서 질문한다. 어떤 동작을 할 것인가? 어떤 공간에서 춤을 출 것인가? 어떻게 시간을 진행할 것인가? 즉흥적 춤이 추구하는 것은 인간 삶의 조건과 유사하다. 인간 삶이 우연적 선택으로 이루어지는 것처럼 춤에서 자유로운 선택과 불확실성이 연속되는 삶의 방식을 보여준다.

숙련된 즉흥 무용가는 소리, 조명, 조형적 공간과 움직임의 상호 작용에서 예민한 감각과 조화로운 구성능력을 발휘한다. 최고의 몰입상태에서 기교적 완성을 보여주는 높은 경지의 예술 수준에서도 자유로운 형식이 나타난다. 재즈 또는 한국춤의 시나위 부분에서 형식에 얽매이지 않고 자신의 기량을 자유분방하게 드러낸다. 오랜 기간 훈련하면 자발적 근신경 제어체계에 의해 몸이 조절된다. 인간의 삶에서 생존을 위해 습득된 자발성이 발휘되는 것과 같다. 이때 몸은 자발적으로 현재적 감각 반응에 충실하게 최적의 상태로 움직여진다. 찰나적인 즉흥춤은 최소한의 의도성으로 생물학적 몸을 자유롭게 한다.

일시적 해프닝에서의 즉흥춤이나 의도적인 형식이 결정되지 않은 프리스타일의 춤동작들은 무용수의 몸에 저장된 반응의 새로운 조합이다. 무용수의 몸을 통해 순간적으로 감각적 반응이 나온다. 추상적으로 드러나는 동작 형태들은 율동적이고 표현적으로 그것 자체의 생명력을 나타낸다. 관습과 새로움의 결합 그리고 모호함과 명확성이 결합하면 상대적 의미체계가 만들어 진다. 이때, 보편적 의미체계에서 주목받지 않았던 관계들이 새롭게 나타나서 상상, 암시, 저항적 느낌을 창발한다.

2) 무용수

무용수의 신체적 조건과 능력에 의해 동작이 제시된다. 무용수의 몸에는 습득된 춤 스타일과 새로운 해석이 결합하면서 작품에 생명력을 부여한다. 무용수들은 자신의 신체를 조절하여 공간에 형태를 만들면서 시간의 흐름에 따라 내면적 감정을 드러낸다. 개인적으로 타고난 동작 미감은 신체 분절 사이의 조화를 특별한 것으로 만든다. 개인적 특성뿐만 아니라 문화적 특징도 무용수의 몸에 반영된다. 낭만 발레가 시작된 유럽의 발레리나는 우아하고 감성적 해석이 탁월하며 러시아의 발레리나는 기교적 완성도가 높다. 무용수에 따라 유사한 동작에서 완전히 다른 느낌이 나온다. 동일한 아라베스크 동작에서도 차이가 나타난다. 영국 출신 마고트 폰테인(M. Fonteyn, 1919~1991)과 러시아 발레리나의 아라베스크를 비교해 본다면, 폰테인은 다리각도가 90도를 넘지 않는 우아하고 단호한 표현을 하는 반면 러시아 발레리나는 고관절 최대 가동범위로 극적인 표현을 한다.

무용수는 춤 스타일뿐만 아니라 인원 구성, 연령, 성별, 신체적 특징, 역할 등을 통해 의미를 전달한다. 특히 무용수가 보여주는

특정한 바디 이미지는 무용작품에서 중요한 의미를 나타낸다. 발레리나의 몸에는 이상적인 바디 이미지와 작품의 성격을 묘사하는 상징이 복합된다. 마리 탈리오니(Marie Taglioni, 1804~1884)의 선천적으로 긴 목과 팔은 이상적인 발레리나의 바디이미지가 되었다. 니진스키(V. Nijinsky, 1889~1950)의 단단한 하체와 유연한 상체의 조화는 발레리노의 전형적 바디이미지가 되었다.

마리 탈리오니   니진스키

초기 현대 안무가들은 자신의 춤 스타일에 독특한 바디 이미지를 고착시켰다. 미국 현대무용가 마사 그라함(M. Graham)은 몸통을 강하게 조절하는 훈련된 몸에 자신의 바디 이미지를 투사한다. 반면 어윈 니콜라이나 머스 커닝햄은 무용수 개인적인 특성을 배제한 추상적인 바디 이미지를 보여준다. 피나 바우쉬는 사실성과 추상성이라는 전혀 다른 이미지를 결합한다. 후기 현대무용 안무가들은 무용수의 몸에서 상징적 바디 이미지를 제거했다.

3) 시간

일련의 동작이 유기적으로 연결되면서 작품이 전개된다. 시간의 요소는 자연적이거나 인위적인 시간의 리듬을 만든다. 음악의 형식구조에 따라 순서가 정해지거나 이야기를 전개하는 방식으로 장면이 배치된다. 무용의 시간은 동작 표현의 연속적인 장면들뿐만 아니라 정지된 표현공간에서 나타난다. 작품 전체와 부분의 관계에서 중요한 부분을 발전시켜 나가며 특정 부분의 시간이 발전해서 다른 부분의 시간으로 연결된다. 이러한 시간의 흐름으로 안무 스타일에 따른 특징이 만들어 진다.

청각 – 음악적 요소 동작은 소리에 반응하면서 리듬과 선율을 따라 흐른다. 춤은 청각적 시간예술인 음악의 형식과 긴밀한 관계로 발전되었다. 구성적 형식에 있어 음악이 중요한 발레작품 〈백조의 호수〉, 〈잠자는 숲 속의 미녀〉, 〈호두까기 인형〉은 차이콥스키의 음악으로도 유명하다. 현대무용 안무가 마사 그라함의 〈애팔라치아의 봄〉역시 아론 코플랜드의 음악으로도 알려져 있다.

현대에 이르러 리듬을 몸으로 해석하는 달크로즈식 방법이 적용된다. 소리의 요소들은 근육의 움직임과 감각반응 체계로 연결된다. 동작이 소리를 만들고 소리가 동작에 영향을 준다. 이사도라 덩칸은 베토벤이나 쇼팽 등 고전음악을 사용했고 니진스키는 스트라빈스키의 난해한 음악 선율을 몸으로 해석했다. 마리 뷔그만은 음악과 무용의 전형적 관계를 벗어나는 단순한 리듬으로 무의식적 동작을 이끌어 냈다. 머스 커닝햄은 불확정성 음악을 실천한 존 케이지와 함께 우연성 기법을 도입한다. 피나 바우쉬는 음악을 배경적인 요소로 사용한다. 무용의 청각적 소리 요소는 폭넓은 음악 장르, 말이나 노래가사, 우연적인 소음이나 기계음까지 포함한다.

4) 공간

프로시니엄 무대는 관객을 정면으로 바라보는 평면적이고 전형적인 구도의 무대공간이다. 현대주의에 와서 무대는 점차 입체적 공간으로 변화되었고 무대를 벗어난 일상 공간이나 미디어 속 공간으로 확장되고 있다. 신체는 공간 속 하나의 점으로 시작하여 기하학적 패턴으로 확장된다. 무대공간에는 춤 스타일에 따라 특정한 선과 대형이 구성된다. 발을 사용하는 스텝이나 지면 위에 놓인 특정한 신체 부분으로 무대 위에 동선이 그려진다. 무대공간에서 직선, 곡선, 회전하는 동작으로 크기가 작아지거나 커지면서 조형적 스케일이 만들어지고 상징적 의미가 나타난다.

공간적 의미는 우주질서의 상징이다. 무대 이동패턴(floor pattern)에 나타난 선의 방향, 위치, 넓이, 형태에는 잠재적인 의미가 있다. 무대 중간부분은 가장 조화롭고 안정되고 현실적인 공간이다. 무대 앞부분은 적극적으로 강조하는 부분이며 의미를 확대해 미래를 상상하는 공간이다. 무대 뒷부분은 퇴행적이고 소극적이며 시간적으로는 과거를 나타낸다. 무대의 왼편은 신분이 높고 무게감이 있는 공간이다. 무대의 오른편은 지위가 낮고 밝은 부분이다. 무대를 사선 방향으로 가로지르는 것은 중요한 사건의 진행을 나타내며 무용수의 기량이 펼쳐지는 동선으로도 사용된다. 무대 공간이 갖는 전형적인 의미는 무용 스타일에 따라 조화롭게 적용된다(방정미, 1981).

시각 – 조형적 요소　공연에 관련된 시각적 요소는 의상, 장치, 온갖 종류의 소품, 조명을 포함한다. 무대장치는 작품의 상황을 은유적으로 묘사하거나 사실적으로 연출하기 위해 디자인된다. 궁정 무도회장, 시골 마을, 눈 내리는 벌판, 카네이션 깔린 환상적 무대, 야심한 밤 뒷골목이 재현되기도 한다. 추상적 무대장치로 조형물을 설치하거나 푸른색 배경 막으로 인간의 무한한 상상력을 자극한다. 최근에는 무대를 가리는 막을 열고 무대 골조 사이로 움직이는 무용수들의 모든 움직임 경로를 그대로 노출하기도 한다. 이벤트의 위치에 따라 시각적 효과가 달라지고 무용수들이 배열하는 구도에 따라 공간의 조형미가 변화한다.

고전발레의 극장 무대에는 상황을 묘사하는 무대 세트가 설치된다. 현대무용에서 단순하고 융통성이 있는 무대장치를 사용한다. 커닝햄 이후 의상을 포함한 시각적 무대장치에 대한 전형적 기준이 사라졌다. 피나 바우쉬는 사실적인 일상 공간을 끌어들여 특별한 분위기를 연출한다. 포스트모던 댄스에서는 공간을 자유롭게 해석하는 상상력을 보여준다. 프로시니엄 공간의 새로운 해석뿐만 아니라 일상의 다양한 공간을 무대로 만들고 시공간적 제약에서 벗어난 영상미디어 공간을 이용한다.

무대장치나 소품은 의상과 더불어 작품의 내용을 전달한다. 의상
은 등장인물의 성격을 묘사하거나 움직임의 시각적 효과와 직접
연관된다. 로맨틱 뛰뛰는 요정을 묘사하도록 날리는 효과를 내며
클래식 뛰뛰는 동작 기교가 돋보이도록 길이가 짧아졌다. 로이 풀러
(L. Fuller, 1862~1928)는 〈스커트〉에서 움직임으로 빛의 시각적 효과를
보여주었고, 마씬느(L. Massine, 1895~1979)는 〈퍼레이드〉에서 피카소
의 입체적 의상으로 조형적 공간을 구성했다. 이사무 노구치의 무대
장치는 마사 그라함의 상징적 동작과 연결되어 심리적 주제를 시각
화한다. 로버트 로셴버그의 무대장치와 의상은 커닝햄의 매체 독립
적인 작업으로 나타나는 우연적인 효과를 보여준다. 의상, 소도구,
무대장치는 신체 동작을 보충적으로 설명하는 공간요소이다.

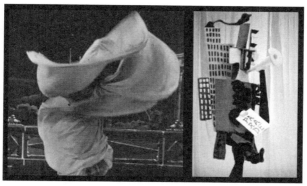

로이풀러의 〈스커트〉　　　　　마씬느의 〈퍼레이드〉

2. 형식

무대에서 이뤄지는 장면들은 압축된 관념의 상징을 드러내기 위해 구성 요소들을 특정한 방식으로 결합한다. 이러한 결과로 나타나는 감각적 형태나 결합 방식이 '형식'이다. 무용 형식을 보면 신체의 생물학적 운동 원리처럼 유기적인 방식으로 결합하거나 특정한 의미의 제스처처럼 의도적으로 고안된 패턴으로 결합한다. 동작의 요소들이 유기적인 방식으로 구성된 경우 부분적 요소들은 전체에 대해 긴밀한 관련을 갖고 흘러간다. 임의적 방식으로 구성된 경우 부분적 의미의 단위들이 합의된 형식 안에서 발전되어 나간다.

전개방식	강조 기승전결 주요관계
진행순서	순서 반복 첨가 변화
단위패턴	장면요약 동작단위

단위패턴	구성단위, 장면요약
진행순서	순서, 반복, 첨가, 변화
전개방식	강조, 기승전결, 주요관계

〈백조의 호수〉에서 음악과 함께 반복되는 동작 단위들이 연결될

때 이것에 대한 사전 지식이 있는 사람들은 그 의미를 이해한다. 단위 패턴들은 움직임과 시공간적 관계, 움직임 안에서의 신체 부분들의 관계, 특정 움직임과 다른 움직임의 연결성, 무용수들 사이에서 일어나는 변화 요소 등 구성 요소들 사이의 관계를 만든다. 공간과 시간 속에 나타나는 연결 방식은 리듬 패턴, 조명효과, 소리 효과, 무용수들의 대형, 구성인원, 무대 위치의 변화로 나타난다. 하나의 단위 패턴은 결합 단위가 더 커지거나 작아지면서 전개상의 강조점을 만든다. 발레에서 형식적으로 중요한 부분은 남녀 주인공이 등장하는 '아다지오'와 '그랑빠드되'이다. '아다지오'에는 발레의 소단위 동작들이 연결된다. 또한 베리에이션(variation)과 꼬다(coda)와 결합하여 그랑빠드되로 발전된다.

그랑빠드되(Grand pas de deux)

전개방식	A–V–c
진행순서	A–V–C
단위패턴	Adagio (A) Variation (V) Coda (C)

남녀 주인공이 등장하는 사랑의 이인무로서 고전발레에서 가장 중요한 장면이다. 느린 음악에 맞춰 추는 아다지오(adagio)로 시작하여, 남녀 무용수의 기교를 보여주는 바리아시옹(variation)으로 발전되고, 다 함께 춤을 추는 꼬다(coda)로 마무리 된다.

1) 단위패턴

익숙하게 알고 있는 춤 동작 단위는 비교적 쉽게 파악된다. 그러나 작품 전체를 한꺼번에 기억 속에 담아두거나 분석하기는 어렵다. 연속적으로 진행되는 무용을 특정한 단위 패턴들로 묶으면 작품 형식을 파악할 수 있다. 동작 단위들을 기준에 따라 A, B, C, D…로 구분하며 A의 변형사례는 A1, A2이다. A와 분명한 다른 단위 패턴은 B, C, D 등으로 구분한다.

동작 단위를 요약하는 기준은 작품 이해를 위한 효율성과 적절성이다. 단위 패턴의 기준은 상대적으로 달라진다. 〈백조의 호수〉는 스토리에 따라 1막, 2막, 3막, 4막으로 요약된다. 각각의 막은 다시 춤과 연기 장면으로 나눈다. 디베르티스망 부분은 케릭터댄스와 바리아시옹으로 나눈다. 3막 그랑빠드되 장면은 아다지오, 바리아시옹, 꼬다 형식으로 구분된다. 아다지오는 솔로와 두엣 장면으로 나눌 수 있다. 분석의 목적에 따라 큰 단위 혹은 보다 작은 단위로 나눌 수 있으므로 동작 단위들은 상대적이고 유동적인 개념이다.

2) 진행순서

동작 단위가 전체적으로 연결되는 시간적 흐름에서 어떤 방식으로 조직되는지 관찰하면 연속적인 무용 장면들을 가로지르는 연결고리가 발견된다. 기본적 단위들이 반복되고 부분적이든 전체적이든 변화되면서 새로운 단위 패턴이 등장하거나 사라진다.

춤 형식을 이끄는 중요한 시간의 요소가 리듬이다. 리듬은 자연 현상에 나타나는 질서처럼 무용에서 동작을 시간에 따라 유기적으로 배열하는 중요한 원리이다. 전통적으로 음악은 무용의 시간구조를 결정해 왔다. 음악을 배제한 무용도 시간적 흐름에서 리듬을 사용한다.

시간적 진행에 따라 신체 동작들이 조합되고 특정한 포지션이 변화된다. 특정 동작들의 역동적 변화가 공간 속에서 조형적 이미지를 구축한다. 시간과 공간의 관계가 혼합되어 나타나는 과정에서 무용수들의 관계나 집단적 대형이 나타난다. 이때 부분적 구성과 전체적 흐름은 구조적인 통일성을 만든다. 주요 단위들이 교류되고, 반복되고, 사라지고, 변형되고, 새로운 단위들이 삽입되고, 여러 단위들이 복합되고, 시간차를 두고 뒤따르는 단위들이 중첩되기도 한다.

3) 전개방식

형식적 단위가 시간의 순서로 이어질 때 각기 다른 부분들의 상대적 가치가 드러난다. 무용의 단락들이 그 작품에 기여하는 의미가 다르기 때문에 부분과 전체의 관계 속에서 강조점이 드러난다. 통일성을 갖는 전체의 흐름에서 주요 장면과 이를 보조하는 장면 그리고 극적 효과나 리듬감을 부여하는 부수적인 장면들이 있다.

내러티브 구조에서는 작품에서 주제가 던져지고 내용이 전개되어 가다가 정점에 도달한 후 마무리된다. 위기를 극복하거나 반전의 장면이 삽입되면 극적인 긴장이 연출된다. 음악적 구조에서는 주요 단위들이 반복되고 변화된다. 음악적 구조는 동작 단위뿐만 아니라 이어지는 관계를 이끈다. 음악의 악보와 명확하게 일치하는 관계는 아니지만, 스텝의 특징, 동작 리듬감, 동작의 위치 변화에서 선율과 리듬으로 강조점을 만든다.

무용의 전개방식에서 기·승·전·결 단계로 진행될 수도 있지만 단순한 소리에 따라 감각적 반응으로 진행될 수도 있다. 이야기를 전달할 때 특정한 단어를 반복하거나 순간적인 침묵으로도 강조할 수 있는 것처럼 동작에서도 미적 관심을 불러일으키는 흐름의 특징이 나타난다. 하나의 동작 단위를 지속적으로 반복하거나 멈추거나 깜짝 놀랄만한 단위를 삽입할 수도 있으며 강조점 없이 감각적 리듬에 따라 시공간적 구성을 유연하게 이끌어 갈 수도 있다.

〈지젤〉에서는 비극적 사랑 이야기가 전개된다. 남녀 주인공의 솔로와 아다지오, 상황을 묘사하는 군무와 연기 장면으로 이어진다. 아당의 음악은 주요한 선율을 반복하고 변화하며 전체적으로 리드미컬하게 진행된다. 지젤의 전개 방식을 살펴보면 중요한 장면을 발견할 수 있다. 1막에는 밝고 사랑스러운 처녀 지젤이 등장하여 춤과 연기를 펼친다. 중세 시골마을이 배경이 되고 무용수들은 시대 의상을 입고 나온다. 2막은 숲속 무덤가에서 윌리들과 등장한 지젤이 흰색 뛰뛰를 입고 전형적 발레기교를 보여준다. 1막의 지젤과 2막의 윌리라는 전혀 다른 내용을 이어주는 부분은 1막의 마지막 부분이다. 알브레히트에게 배신당한 지젤이 고통 속에 죽어가면서 '머리카락이 헝클어지도록 광기 어린 표정으로 절규하는 몸짓'이 전체적인 구성형식 안에서 가장 강조된다.

시각적 효과로 형식적 특징이 나타나기도 한다. 무용수들의 동작 기교와 대형의 변화를 압도적인 스펙터클로 연출한 〈라바야데흐〉의 '망령들의 왕국'에 나오는 군무 장면이다. 발레리나들이 통일된 아라베스크 동작으로 균형을 잡으면서 무대를 내려온다. 긴 시간 통일된 동작을 반복하는 무용수들의 신체적 기량과 함께 시각적 형식미를 극대화한다.

구조분석	제 목:
	안 무:
	영상정보:
	분석목적:

구성요소		형식	
동작		동작단위	
무용수			
시간		순서	
공간		전개방식	
관계			

니진스카
〈 결혼 〉

이론과 14학번 김소희

구성요소		형식	
동작	발레의 기본자세와 정형화된 틀 속에서, 주먹을 가슴과 이마로 가져가는 등의 상징적 동작을 보여준다. 　남녀 솔로와 군무에서 동작 특징, 패턴의 차이가 나타난다. 　여성 무용수들은 토웍으로 부레부레, 일직선 위에서의 가벼운 도약과 상체를 움츠리는 동작을 한다. 군무에서 솔로(신부)도 집단적 움직임에 참여한다. 　남성 무용수들은 발 구르기, 민속적인 발동작. 일직선 위에서의 가벼운 도약, 신체의 밖을 향해 쭉 뻗는 팔동작, 군무에서 솔로(신랑)를 중심으로 움직인다.	동작단위	남녀 무용수들의 동작 특징, 패턴을 분석한다. 　(여성) 1막, 3막 　바닥으로 밀착된 움직임, 무릎을 꿇고 절을 하는 마임, 부레부레를 통한 직선적인 대형의 이동이 특징이다. 　신부와 신부의 친구들이 하나의 집단으로 함께 구도를 만들어가는 과정을 보여준다. 신부와 친구들의 움직임이 구별되지만 집단적인 형태로 움직인다. 　(남성) 2막 　곧게 서 있는 자세(신랑), 역동적인 도약과 속도가 빠른 움직임(친구들), 무리를 지어 원형에 가까운 대형이동을 한다. 신랑의 위치를 중심으로 친구들이 비례적, 대칭적 형태의 대형을 구성한다. 신랑과 친구들의 움직임이 뚜렷하게 구분되며, 중앙에 있는 신랑이 강조된다. 　(여성과 남성) 4막 　남자와 여자 집단이 다르게 움직이지만 같은 에너지와 힘을 전달한다. 군무진에서 나온 남녀가 일종의 듀엣과 같은 동작을 하지만, 서로 접촉은 이뤄지지 않고 개별적인 움직임 이후 다시 무리와 연합한다.
무용수	신랑과 신부, 그들의 부모와 친구들이 등장한다.		
시간	복잡한 리듬과 현대적 선율의 스트라빈스키의 음악을 사용하며, 결혼을 앞둔 신랑, 신부 그리고 친구들이 결혼식에 이르는 모습을 보여준다.		
공간	딱딱하고 어둡고 획일적인 형태, 무표정한 얼굴표정, 단조로운 조명, 전체적으로 어두운 배경을 사용한다. 러시아 농촌 의상을 단순화시켰다.	순서	1막: 신부의 방 (여성), 2막: 신랑의 축복 (남성), 3막: 신부의 출발 (여성), 4막: 결혼식 연회 (남녀) 〈막의 길이 1막: 4:40, 2막: 4:58, 3막: 2:50, 4막: 9:04〉
관계	절제된 동작과 시간적 요소(스토리와 음악) 그리고 어둡고 단조로운 공간이 조화를 이룬다.	전개방식	마지막 장면에서 전체적인 주제를 전달하고 있다. 여자들은 시체더미처럼 쌓아올려진 피라미드 형태를 만들고 그 위에 남자들은 팔을 뻗고 올라선다.

베자르
〈 볼레로 〉

이론과 14학번 김지현

구성요소		형식	
동작	무릎과 골반 움직임을 중심으로 하체 동작을 한다. 손목, 팔꿈치, 어깨 등 관절의 외·내전을 반복하는 상체 동작을 한다. 공간적 형태로는 호 그리기, 높이를 사용하는 점이 두드러진다. 신체는 전면을 응시한다. 같은 동작을 8박-4박-2박-1박 안에 수행하여 움직임의 속도를 조절한다. 음악이 점차 강조되면서 움직임 또한 점층적으로 커진다.	동작 단위	a 점층적으로 발전하는 동작 단위 관절의 간단한 내·외전의 수준에서 골반 및 어깨, 점프, 회전 등을 이용한 고도의 동작으로까지 발전하는 특징을 보인다. (예: 한 손 → 양손 → 어깨관절 외전 → 교차 및 회전 → 아라베스크 → 복부 수축 → 상체를 시상면 아래로 떨어뜨리기) z 선율이 넘어갈 때 반복되는 동작단위 하체는 발레 4번 자세에서 앞쪽 우측 하체의 무릎은 구부리고 좌측 하체는 신전하고, 정박에 맞추어 무릎을 구부린다. 상체는 팔을 뻗어 복부 앞으로 모아 내측 손목 부위를 붙인다. 손목은 시상면으로 플렉션한 상태로 포즈를 취한다.
무용수	1명의 여성(실비 길렘) 주역 무용수가 등장한다. 무대 외측, 30명의 남성 군무가 위치한다.		
시간	단순한 구조이면서 결말에 폭발적인 크레센도를 이끌어내는 모리스 라벨의 〈볼레로〉를 음악으로 사용하고 있다.	순서	순서는 A-B-C-D-E 로 진행되며, 각각 세부적으로 a-z-a-z-a-z-a-z로 진행된다.(단 E의 구조는 a-z-a-z-a') a의 구조는 여러 요소가 조합, 변형된다.
공간	무대 가운데에는 붉은색의 원형 무대가, 외곽에는 의자가 배치된다. 무대 배경은 망사막이다. 남성은 검은색 타이즈만, 여성은 검은색 타이즈에 살색 레오타드를 착용하고 무대 중심에 있다.	전개방식	단순한 반복과 변형 동작이 전개되다가 후반부에서 작품의 최고조에 도달한 후 무너져 내린다. 패턴 C부터 본격적인 대형변화를 보인다. 원형 무대에 가까이 다가가는 인원이 점차 늘어나다가, 클라이맥스 부분에서 모든 군무진이 원형 무대 근처에 자리한다.
관계	음악-춤-조명은 점층 고조되는 작품의 진행 및 형식과 닮아있다.		

구조분석	커닝햄 〈 해변가의 새 〉		
			이론과 15학번 고은서

구성요소		형식	
동작	새, 다른 동물 그리고 해변에 있는 사람들을 모티브로 동작을 구성한다. 무용수들의 움직임 안에 세 가지 요소들이 혼합된 상태로 표현한 것을 발견할 수 있었다. 동작에서 추상적인 요소들과 어깨, 팔, 다리 등의 신체가 새의 움직임을 재현한다.	동작단위	전반부 흑백영상과 후반부 컬러영상 부분으로 나누어진다. 흑백영상 A, B, C, D, E 컬러영상 A, B, C, D A (정적), B (대조적), C (동일성), D (구조적), E (역동적)
무용수	남자와 여자 무용수가 비슷한 비율로 등장하며, 인원 구성이 계속 변화한다.		
시간	연습실 장면과 무대 장면이 이어지면 진행된다. 음악은 작곡가 존 케이지의 전자음악, 파도 소리를 포함한다. 필름 디자인 및 감독을 포함한 총 네 명의 스태프가 함께 협력한 작품이다.	순서	흑백영상에서는 A-B-C-D-E, 컬러영상에서는 A-C-B-D로 진행된다.
공간	조명과 의상은 마샤 스키너가 담당했다. 무채색에서 시작해서 다양한 색으로 변화한다.	전개방식	전체적으로 특별한 강조점 없이 반복되는 동작으로 구성된다. 그러나 컬러영상 장면은 출연하는 무용수의 인원이 증가하고 세밀하게 클로즈업 된 장면으로 강조된다.
관계	움직임, 공간, 시간적 요소가 독립적이고 우연적 관계로 이루어진다.		

구조분석	할프린 〈 기억하며 〉	
		이론과 15학번 신재영

구성요소		형식	
동 작	일상적 움직임으로 수평면에서 모으고 흩어지는 동작을 하며, 공간(space)에 포트가 나타난다. 좁히는(narrowing) 형태 그리고 직선적(direct)이고 갑작스러운 변화(quick)에포트가 관찰된다. 몸을 동시적 연속적으로 움직이면서 에너지를 고조시키거나(impulsive), 진동(vibratory)한다. 몸통에서 감정적 느낌을 전달하며, 중간 관절(mid-limb)로 시작하는 동작을 한다.	동 작 단 위	A 할프린의 솔로이다. B 할프린과 손자의 듀엣이다. C 손자의 솔로이다. 주 단위는 할프린과 손자의 듀엣인 B, B', B"이다. 보조 단위는 솔로 A, C이다. 부수적인 단위는 내레이션과 함께 공간을 움직이는 장면이다.
무 용 수	안무가 할프린(A. Halprin), 그의 손자(J. Khalighi)가 등장한다. 할머니와 손주의 관계를 사실적으로 보여준다.		
시 간	내레이션과 대사는 손자 자안이 맡았다. 시걸 로즈(Sigur Ros)의 피아노 음악이 사용되었다. 지나온 인생을 정리하고 손자에게 이어지는 삶의 의미를 보여주는 내용으로 진행된다.	순 서	A-A'-B-C-B'-A"-B"-C'
공 간	할프린이 실제 사는 컨트필드의 야외무대이다. 흔들의자와 밧줄이 소품으로 사용된다. 흔들의자는 한 사람의 역사와 존재를, 밧줄은 인간관계, 가족, 한 세대와 다음 세대의 연결고리를 상징한다. 의상은 마시(Bob Marsh)가 제작한 평범하고 일상적인 옷이다.	전 개 방 식	할프린의 솔로A로 시작해서 발전 A'하고, 듀엣 B에서 할프린은 흔들의자에 앉아서 움직인다. 손자의 솔로 C가 등장하고 다시 듀엣 B', 다시 할프린의 솔로 A"장면, 하이라이트 장면 B"으로 이어진다. C"에서 손자는 할프린이 내어 준 의자에 앉아 할프린을 기억하는 모습으로 마무리된다.
관 계	야외무대의 자연적인 공간특성과 일상적이고 자연스러운 움직임이 조화를 이룬다.		

김백봉
〈 부채춤 〉

이론과 16학번 김다솔

구성요소		형식	
동작	상체 사위는 부채를 '감기', '펴 올림', '받쳐 올림', '밀어 내림' 동작을 하며 대칭적-비대칭적인 형태를 만든다. 하체 사위는 앞·뒤·발바닥 딛기, 무릎 굽혀 들기, 무릎 펴기, 무릎 구부리기, 꼬아 앉기 등으로 표현한다.	동작단위	A 왼쪽 부채는 허리에 고정하고, 오른쪽 부채는 나비처럼 우아하게 펄럭인다. B 양쪽 부채를 접힌 상태에서 활짝 편다. C 양쪽 부채가 점점 올라가면서 오른쪽 부채를 머리 사위하는 것처럼 감고, 그다음 반대도 똑같이 한다. D 꽃이 만개하는 것처럼 양쪽 부채를 펼치고 앉았다가 일어선다. E 양쪽 부채를 위로 올렸다가 허리 뒤에 붙인다. F 왼쪽 부채가 접혀있는 상태에서 왼손을 뒤집은 다음 오른쪽 부채를 편다. G 양쪽 부채가 펼쳐진 상태에서 무대 전체를 자유롭게 움직인다. H 돌고 뛰면서 양쪽 부채를 번개처럼 재빨리 접었다 편다. 이때, 바닥 면에 닿을 때는 부채가 접혀있고, 공중에 떠 있을 때는 부채가 펴져 있다.
무용수	한 명의 여성 무용수가 등장한다. 여성 군무로도 공연된다.		주 단위는 A, B, C, D, E, F, G, H이다. 보조 단위는 A', B', D', F', G'이다. 부수적인 단위는 F"이다.
시간	굿거리·자진모리·굿거리장단 순으로 진행된다.	순서	A-B-C-D-B'-E-F-F'-G-D'-F"-G'-H-A'
공간	오른쪽에 악사, 뒤편에 병풍이 세워져 있으며, 밝은 조명을 사용한다. 의상은 황금빛을 띠는 당의와 빨간색 통치마를 입는다. 족두리와 비녀를 꽂으며, 부채를 사용한다.	전개방식	굿거리로 시작하여 진행되며, H에서 자진모리장단으로 전환되었다가 처음과 같은 A로 마무리 된다.
관계	부채의 시각적 이미지와 춤동작이 밝은 느낌을 표현한다.		

5장 맥락분석

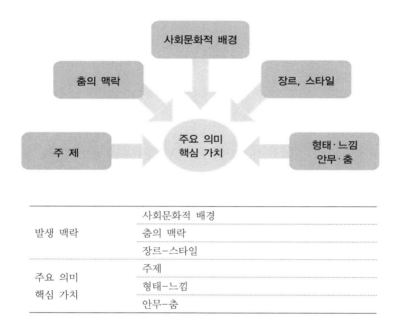

발생 맥락	사회문화적 배경
	춤의 맥락
	장르–스타일
주요 의미 핵심 가치	주제
	형태–느낌
	안무–춤

　문화적으로 낯선 춤은 지루하게 느껴질 수 있으며, 배경지식이 없는 춤은 도무지 알아들을 수 없는 외국어처럼 생소하게 느껴질 때가 있다. 무용이 발생한 역사적 배경과 사회문화적 상황 그리고 안무가의 의도를 알게 되면 보이지 않던 부분들이 보이기 시작하며 춤의 구조가 한눈에 들어온다.

춤에는 사회문화적 전통에서 유래하는 보이지 않는 가치들이 담겨있다. 춤이 발생한 여러 배경으로부터 복합적인 맥락에서 그 의미를 창출한다. 무용을 이해하기 위해 사회문화적 상황, 춤의 전승 양상, 창작 배경에 관련된 내용을 조사하고 관련된 자료를 작품의 구체적인 특징과 연관 지어 종합적으로 설명하는 것이 맥락분석이다. 과거의 춤에 현재적 생명력을 부여하는 창조적인 해석의 과정에서 하나의 추측이 중요한 발견으로 이어지기도 한다.

춤은 안무가나 무용수의 기억에 의존하여 전승되거나 사진, 영상, 관련 문헌에 기록되기도 한다. 무용은 역사적 전승 과정에서 원형 그대로 보존되기 어렵기 때문에 개연성 있는 상상은 연구의 중요한 단서를 제공한다. 무용과 관련된 여러 자료를 수집하고 검토할 때 역사적 기록물, 회화, 조형물 등에 남겨진 부분적인 형태를 통해 유추하기도 한다. 또한 관련 자료가 충분하지 않다면 인터뷰, 관찰, 조사, 영상 촬영 등을 통해 자료를 만든다.

해석은 무용의 의미를 설명하는 것이고 평가는 그 가치를 언급하고 증명하는 것이다. 무대 위의 공연이나 영상으로 기록된 자료를 해석할 때, 주관적인 편견에 치우치지 않도록 관련 자료들을 체계적으로 정리하고 적절한 언어개념을 사용한다. 분석을 위해 사용하는 하나의 개념은 특정 현상을 설명하기 위해 의도적으로 선택된 정신적 이미지이다. 개념적 설명은 역사적 흐름과 이어지면서도 구체적 의미를 제시할 수 있도록 논리적 일관성을 유지해야 한다. 절대적 해석을 제시하는 것이라기보다는 무용에 관해 하나의 통일된 방식으로 개념을 정리하는 것이다.

공연실행의 측면에서 안무가와 무용수 그리고 관객 모두는 해석에 참여한다. 안무가는 무용의 요소들을 선택하고 조작하여 의미를 드러낸다. 무용수는 이것을 몸으로 실현하여 관객에게 전달한다. 무용수는 안무가가 제시한 기본 동작과 구조적 틀 안에서 자신의 개성을 표현한다. 피아니스트의 해석에 따라 고전음악 연주 사례들이 달라지는 것처럼 무용수 해석에 따라 작품이 미묘한 차이를 나타낸다. 관객들은 연속적인 장면을 따라가면서 해석에 참여한다.

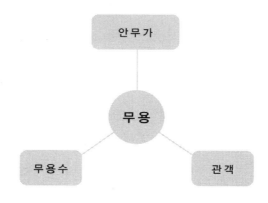

최근 새로운 매체실험과 변화를 수용하는 여러 분야 사람들이 협력하면서 안무 방법은 매우 다양해졌다. 주도적 안무방식에서 벗어나 무용수와 관객이 만드는 우연적 요소들을 무용에 포함하게 된다. 예술을 일상생활의 일부분으로 간주하여 공간에서 자유로운 선택과 상호작용을 시도한다. 안무가는 누구나 쉽게 접근할 수 있는 실험적 공간을 개발하고 관객의 적극적 참여로 작품을 완성한다. 무용수들 역시 안무의 일부분에 참여하거나 안무가에게 종속되지 않는 자유로운 춤을 춘다. 안무가나 공연가 그리고 관객이 각각 그리고 함께 해석에 참여한다.

맥락분석을 통해 무용의 배경적 지식을 인식 가능한 형태와 연결한다. 사회문화적 배경과 양식사적 맥락을 통해 무용의 주요한 의미와 독특한 가치들이 발견된다. 무용의 미적 판단은 춤과 관련된 자료와 감상자의 미적 경험 그리고 창작자의 의도와 무용수의 기교 모두를 종합하는 관점에서 이루어진다.

1. 발생 맥락

사회문화적 배경 중세의 죽음의 춤에는 전쟁과 기근에 대한 유럽인의 공포가 반영된다. 러시아 민속춤의 활발한 발동작은 한랭한 기후와 관련된다. 일본 전통춤의 정적인 발동작에는 시간적 개념을 초월하려는 종교적 신념이 담겨있다. 현대 춤의 기괴한 동작들은 20세기 격동적인 세계사의 흐름 속에서 부조리한 현실을 반영한다. 춤에는 구체적 사건이 기록되기도 하고 복잡한 시대 상황이 함축적으로 묘사되기도 한다. 문화와 관련된 인간 행위의 중요한 국면을 보여주는 무용은 사회적 현상과 분리해서 언급될 수 없다. 특정 사회의 정치·경제적 상황과 시대적 사상은 춤에 직간접적으로 영향을 준다.

조선 시대 궁중정재에는 유교적 사상에 입각한 정치이념이 담겨

있다. 악가무의 모든 의례적 절차에서 공간 방향과 색에 관련된 상징적 규범들이 나타난다. 조선 후기에는 정치사회적 변화 속에서 대중적 민화, 민속 음악, 민속 예능에 자유분방한 서민적 정서가 반영되었다. 유럽의 궁정 발레는 르네상스 시기 유럽의 궁정에서 행해지던 혼합예술이며 이탈리아와 프랑스의 화려한 궁정 문화와 관련된다. 고대 그리스에 대한 관심과 근대사상의 중요한 근간인 자유주의, 비판 정신, 합리적 사고, 세속성이 반영되었다. 이 시기에 대중들은 곡예적 동작이나 판토마임을 즐겼다.

근현대사를 거치는 동안 정치, 경제, 사회문화적 격동기를 지나면서 무용에서는 다양한 민족적 경향이 나타났다. 20세기 초에 러시아 발레단, 미국 현대무용, 독일 표현주의 무용이 등장하였다. 우리나라는 일제 강점기와 민족 분단의 역사적 사건이 이어지는 가운데 민족무용이 형성된다.

20세기 후반에 종교, 문화적 다원주의가 확산되고 인간 가치체계의 혼란과 갈등 속에서 예술 관련 중요한 사건이 발생한다. 1962년 7월 6일 뉴욕의 그리니치 빌리지에 있는 감리 교회인 저드슨 처치(Judson Memorial Church)에서의 행사이다. 이곳은 인권 문제와 개혁정치 등 사회개혁에 관심과 진보적 예술 활동과 문화적 자유를 추구하는 오랜 전통을 갖고 있었다. 미술, 음악, 문학, 영화, 무용 분야의 전위적인 예술가들이 모여 해프닝, 퍼포먼스 등 혼합매체 이벤트가 벌어졌다. 이후 예술에서 전통적 권위적 방식에서 벗어나 보다 민주적인 작업방식을 추구하게 되는 계기가 되었다. 또한 현실세계인 일상을 예술 속에 적극적으로 통합시키는 변화를 시도하게 된다.

춤의 맥락 원시시대부터 봉건사회에 이르기까지 정치 사회적 의례와 축제에서 춤은 중요한 기능을 담당했다. 현재에도 사람들은 종교, 오락, 예술의 맥락에서 춤을 춘다. 오락적 성격의 사교춤에는 누구나 즐겁게 어울릴 수 있는 단순한 스텝과 공간 패턴들이 음악과 함께 이어져 내려온다. 종교적인 의식춤에는 신과 교감에 이르는 일련의 의식절차가 전해져 내려온다.

한국무용에는 오락적 맥락의 민간예능과 종교적 맥락에서 의식춤이 이어진다. 불교의식에서 기원한 북춤, 사회 풍자적 연희형태의 탈춤, 풍년을 기원하던 농악무는 소고춤, 장구춤 등으로 발전된다. 〈승무〉, 〈살풀이춤〉 등 양식화된 레퍼토리에는 복합적인 맥락이 결합한다. 서양무용에는 종교적 맥락과 오락적 맥락에서 인간 심리의 탐색이라는 주제가 다루어진다. 성경이나 그리스 신화 속 드라마틱한 이야기나 인물에 대한 상징이 등장한다.

예술양식 시대적 문화 현상으로서의 예술양식은 흐름의 변화 속에 사라져 버린 것이 아니라 지속해서 반복되고 중첩되어 나타난다. 고전주의와 낭만주의는 문예 일반의 초시대적인 기본 유형이다. 고전주의는 탁월하고 널리 알려지고 전형적 규칙에 따라서 만들어진 것이며 균형과 비례, 조화의 원리를 추구하며 다양한 구성요소가 전체적으로 통일성을 갖는다. 전통과 관습에 따라 객관적 판단이 가능하다. 고전적 형식에서는 정서적 표현보다 형식이 우선되며 규범적 질서 안에서 자유를 구사한다.

낭만주의는 고전주의를 벗어나는 것으로 시작하여 광범위하게 파급된 문예 운동으로 유럽 전체에 한층 깊은 근대적 자각을 가져왔다. 낭만주의는 철학적이고 비평적인 경향으로 시작되었으며 인간 사유의 또 다른 측면을 발견한 피히테, 셸링, 슐레겔, 휠더린, 노발리스 등의 낭만주의 사상과도 연관된다. 루소와 같은 자연주의 철학에서 낭만 정신 즉 감정이나 인간 정신의 비합리적 측면에 대한 관심이 나타났다. 규범과 관례에서 벗어나 시적 감정으로 자유롭게 창조하려는 시대사상은 문학뿐만 아니라 조형예술 그리고 종교와 철학, 경제, 자연과학, 역사까지 범위가 확대된다.

낭만주의는 감수성을 신뢰하고 정서적 모험을 즐긴다. 중세 기사들의 모험 이야기나 가공적 꿈 이야기처럼 무언가 공상적이고 이상하고 기괴한 것을 추구한다. 그러한 분위기를 창출하는 상상적 풍경이나 장소를 통해 고전주의 전통과 대비되는 새로운 예술 경향을 만든다. 정신의 자발성, 상상력, 무한, 창조, 천재, 영감, 초월이 중심개념이며 직관, 열정, 충동, 상상력에 의존한다. 사람들에게 강력한 인상을 주어 흥미를 유발하고 감정을 동요시킨다. 모순과 갈등을 추구하며 인간의 무력함, 불행, 고통에서 영감을 얻는다. 낭만주의의 한계는 자아표현이라는 근원적 정서로 회귀하여 구체적 형식을 이루지 못하고 사라져 버리는 것이다.

낭만주의는 감정이나 영감을 따르면서 환상처럼 가장 자유로운 내용을 즐긴다. 시간, 장소, 행위 등의 고전적 통일을 무시하고 강력한 흥미라는 새로운 통일성을 부여한다. 이것은 의식적인 노력에 의해서가 아니라 순전히 내면의 생명력에 의해 이루어진다. 풍부한 상상력을 구사하여 생의 자유롭고 무한한 유동을 따라 분방한 감정을 표출한다. 시공간적 거리와 다양성을 추구하는 관점에서 엑조티시즘(exoticism)이나 코스모폴리타니즘(cosmopolitanism)이 나타나며 보편성보다 개성을 중시하는 자기 고백의 경향이 뚜렷한 서정시나 소설의 형식으로 나타난다.

낭만주의는 무한의 이념을 추구하며 현실을 고양하려 한다. 현실 배후에 있는 보다 심원한 관계나 무한한 것을 인정하는 태도이기 때문에 기독교 특히 가톨릭적 태도를 지닌다. 인간은 영원한 가치를 동경하므로 높은 가치를 지향하는 인간의 문화, 역사, 철학에서 모두 영원을 지향한다. 영원한 것은 절대 완성되지 않고 끝나지 않는 시간이다. 영원이라는 관념은 자기모순과 분열의 필연성을 내포하며 완성과 무한이라는 가능성을 좇는다. 완성이라는 것은 모든 한계를 초월하는 초시간적 개념이며 자기 가능성의 궁극적인 한계까지 완전히 도달하는 것이다. 따라서 무한한 변화와 운동은 완성된 끝을 모르는 창조적 시간이다.

고전주의는 그리스 문화의 영향으로 사물의 완전성 즉 절대적 가치를 추구한다. 낭만주의는 영원이나 무한한 공간과 시간을 추구한다. 상상의 힘을 통해 무한을 성취하려는 감정적 흐름을 따른다. 유한한 현실적 시공간을 초월하려는 낭만주의자들의 동경은 일종의 도피적인 경향으로 해석된다. 낭만주의는 외형적으로는 아주 광범위하며 내면적으로는 모든 이상주의적인 노력을 말한다. 고전주의와 낭만주의는 예술사조에서 연속적으로 나타난다. 이성에서 감정으로 감정에서 다시 이성으로 이어진다. 낭만주의와 고전주의는 대립적인 요소들이기도 하지만 대립적인 요소가 본질은 아니다.

고전주의나 낭만주의 모두 유한한 현실 세계에서 벗어나서 무한하고 영원한 세계에 이르려고 한다. 다만 그 노력의 방향에서 차이가 있다. 고전주의는 공간 중심으로 노력하며 낭만주의는 시간 중심으로 노력한다. 고전주의는 대상의 이상적 가치를 성취하는 것이며 낭만주의는 죽음을 통해 영원성을 성취한다(장남준, 1989).

낭만주의 문학작품을 무대화한 〈라 실피드〉(1832)로 발레의 양식이 완성되었다. 초월적 공간과 무한한 시간에 대한 열망으로 환상의 세계를 묘사한 이야기를 주제로 연기적 표현과 시공간 요소를 결합하여 양식화가 이루어졌다. 발레는 궁정 발레의 아카데미 기법들에서 시작되어 노베르(J. G. Noverre, 1727~1810) 시대에 무언극 형태로 발전되었으며 18세기 중반에 이르러 몸동작으로 표현을 하는 예술 분야로 독립되었다. 고대 그리스, 로마의 춤과 판토마임에서 착상하여 그 자체로 시나 노래처럼 의미를 전달하게 된다. 발레의 안무에서 균형, 조화, 대칭 및 질서와 같은 고전 양식의 가치들은 러시아에서 완성된다. 러시아는 17세기부터 유럽발레를 받아들였으며 많은 유럽의 무용가들이 러시아 황실의 지원 속에 활동했다. 러시아 황실 발레아카데미의 교사이자 안무가였던 쁘띠빠와 이바노브가 기교적 형식과 무용극 전통을 만들었다.

현대주의 무용에서 전통적인 스타일이나 기존의 관습에서 벗어나는 다양한 시도를 한다. 그 중에 두드러진 특징으로 민족적 경향이 나타났다. 한국에서 신무용이 시작되었으며 미국의 모던댄스, 독일의 표현주의 무용, 러시아 발레단의 활동이 현대주의를 이끌었다.

러시아 발레단(Ballet Russes)은 러시아 농촌풍습과 민족 설화를 현대적으로 해석했다. 발레뤼스의 초기에는 니진스키와 디아길레브(S. Diagilev, 1870~1920), 스트라빈스키, 포킨(M. Fokine, 1880~1942) 등 러시아인의 예술적 역량이 유럽의 아방가르드 예술가들에게 영감을 주었다. 특히 포킨(M. Fokine)의 개혁으로 발레의 이념이 바뀌게 되었고 고전발레의 형식으로부터 벗어나 자유로운 표현을 추구하게 된다. 고전의 기교를 단순히 결합하는 방식이 아니라 주제와 일치하는 새롭고 가장 표현적인 동작을 추구하며, 극적인 연기와 동작 기교를 통합할 수 있도록 전신을 사용한 표현동작을 하게 된다. 이로써 무용수들이 장식적 존재가 아니라 주제와 관련된 표현의 주체가 되었다. 러시아 발레는 아방가르드 예술가 그룹들과 함께 혁신적 스타일을 시도하였으며 당대에 피카소를 비롯하여 미래파, 입체파 스타일 그리고 스트라빈스키, 드뷔시, 프로코피에프의 음악을 도입하였다.

미국의 현대주의에서는 문화적 다양성 속에서 자아표현이라는 새롭고 독창적 방식이 나타난다. 인간의 고통, 사랑, 슬픔과 본능을 표현하는 새로운 방법을 찾았다. 이사도라 덩칸(I. Duncan, 1877~1927), 로이 풀러(L. Fuller, 1862~1928), 루스 세인트 데니스(R. St. Denis, 1877~1968), 마사 그라함(M. Graham, 1894~1991), 도리스 험프리(D. Humphrey, 1895~1958), 머스 커닝햄(M. Cunningham, 1919~2009) 외에도 수많은 무용가들이 개성적인 양식을 추구했다.

한국의 현대주의 무용은 해방과 민족분단의 역사적 사건 속에서 서양무용의 영향으로 프로시니엄 무대에서 양식화되었다. 〈살풀이춤〉, 〈승무〉, 〈한량무〉, 〈강강술래〉, 〈농악〉, 〈화관무〉, 〈탈춤〉, 〈태평무〉, 〈부채춤〉, 〈장구춤〉 등 길이가 짧은 공연 레퍼토리가 만들어졌다. 또한 한국무용을 소재로 외국무용의 창작적 기법과 결합한 새로운 춤들이 창작되었다. 최승희(1911~1969), 조택원(1907~1979), 한성준(1875~1941), 배구자(1905~2003) 등의 무용가들이 활동하였다.

독일의 현대주의에서는 능동적으로 작용하는 자아를 중시하고 내면의 가치를 드러낸다. 표현 형식에서 서정시, 희곡, 소설에서 문장구성의 파괴, 응집적 단어사용, 관사, 접속사 생략, 시구의 운율적 자율성 등 참신하고 대담한 기법을 사용한다. 시대적 관습에 저항하며 인간 개인의 심리적 흐름을 추상적으로 표현했다. 독일에서 표현주의 화가와 문인들이 배출되었으며 쿠르트 요스(K. Jooss, 1901~1979), 마리 뷔그만(M. Wigman, 1886~1973) 등 표현주의 무용가들이 활동했다. 표현주의가 사용하는 신체 언어는 몸의 논리를 확장했다. 전통적인 관습에 얽매인 육체에 대한 연민의 감정을 불러일으키고 그것에서 벗어나는 모습을 보여준다. 인간의 본능적 충동이 억압되는 부조리한 상황과 내면의 욕구를 분출한다. 표현주의 무용에서는 삶의 문제를 직시하고 그 문제를 사실적으로 보여준다.

후기 현대주의에는 전위적이고 혁신적인 예술 운동이 지속되면서 예술 양식이 다양하게 혼합된다. 전투대열의 맨 앞부분에 있다는 의미의 전위파의 신념은 늘 새로움을 추구한다. 이들 그룹이 공유하는 새로운 예술적 신념은 빠르게 변화하고 다른 분야로 파급된다. 조형예술에서 초현실주의, 다다, 팝 그리고 구조주의 음악에서 비음조적인 전자음악이 등장하였다. 무용에서 조형예술이나 음악과 함께 혹은 연극적 해프닝, 우연성, 부조리극과 함께 탈장르적 실험이 이루어졌다.

오늘날에는 즉흥춤, 퍼포먼스, 연극 사이에 경계가 사라지고 있으며 의식의 흐름을 따라 무용수의 몸에 저장된 움직임들을 자연스럽게 이끌어낸다. 이것은 경험된 기억에서 나오는 감정과 밖으로 드러나는 형태 사이에 거리를 좁혀가는 작업이다. 신체 움직임과 정신적 활동이 진정으로 연결되는 자아를 발견하는 방식으로 춤을 춘다. 확산적 사고로 무한한 가능성을 발견하는 것이지만 전통적 양식을 모두 부정하는 것은 아니다. 기존 춤 형식에 대한 깊은 이해를 바탕으로 새로운 가능성을 찾는다.

장르와 양식　예술형식에서 유사한 집단적 특성을 장르로 구분한다. 장르의 차이는 무용에 나타난 관습과 전통에서 비롯된다. 무용의 역사에서 전통적 장르에 대한 반동으로 새로운 장르가 출현하기도 하지만 하나의 장르가 계속 이어지는 가운데 변화하기도 한다. 과거의 유산을 물려받은 무용가의 기억과 가장 미래지향적인 무용수의 통찰력 사이에서 양식은 변해간다. 장르의 표현양식이 매너리즘에 빠지거나 표현적 한계에 부딪히게 되면 대안적 장르나 스타일이 등장한다. 예술 무용의 경우 발레나 현대무용 등의 장르로 구분한다. 하나의 장르는 광범위한 스타일로 구분된다. 무용 장르는 낭만적, 고전적, 현대적 스타일로 구분된다. 민족, 지역, 개인, 단체 등의 하위 스타일 그리고 안무와 연기에서 나타나는 개별 스타일로 구분된다. 일반 스타일은 고유한 형식적 규범과 풍부한 표현적 잠재력을 포함하며 개별 스타일에는 특별한 미적 가치가 수반된다.

장르와 양식에 대한 논의는 과거 무용을 근거로 현재의 무용을 설명하고 미래 무용을 예측하게 한다. 장르와 양식에서 전통적 규범을 따르면서 자유로운 경향이 나타난다. 발레와 현대무용의 경계가 뚜렷하지 않거나 한국무용과 현대무용 장르의 구분도 모호한 경우가 있다. 시대적 언명으로 시작된 낭만과 고전주의 그리고 현대주의는 초시대적 양식개념이 되었다. 〈라 실피드〉를 낭만적 고전주의, 이사도라의 춤을 현대적 낭만주의로 언급하는 것처럼 가치를 설명하는 개념으로 적용된다.

무용에 대한 판단은 장르와 스타일의 흐름 속에서 가능하다. 무용의 전형적 규범이 확실한 경우 해석이 수월하다. 새로운 무용이 전통적인 가치를 거부하더라도 장르와 스타일의 맥락에서 설명하면 이해가 쉽다. 그러나 특정 장르나 스타일과 관련 없이 유동적이고 자유로운 무용에 관해서는 판단하기 어렵다. 비교할 대상이 없으면 설명하기가 어렵다.

포스트모던 시대에는 장르와 스타일에 관련하여 난해한 논점들이 생겨났다. 즉흥춤, 해프닝, 이벤트처럼 개념적이고 유동적 형식이거나 장르와 스타일에 관한 판단 근거가 명확하지 않으면 설명이 어렵다. 이러한 경우는 춤의 발생배경이나 관객의 반응에 관련한 미적 효과로 설명될 수 밖에 없다. 무용의 구성요소들이 조직되고 지각되는 방식의 결과로 창출된 새로운 분위기나 안무 의도가 어떻게 실행되었는지를 판단한다. 무용에서 식별될 수 있는 특징들 그리고 안무가나 공연자의 의도를 고려하여 평가한다. 해석과 평가에 있어서 주관적 감동과 이성적 판단을 절충하는 균형적인 시각이 필요하다.

2. 주요 의미와 가치

무용 장르에 따라 인간 움직임의 제한된 방식으로 주제를 다루게 된다. 주제에 따라 구체적인 동작과 사건이 선택되고 시공간적 특징이 부여된다. 미묘한 구성요소의 변화로 개별 스타일의 주목할 만한 가치가 나타난다. 안무가의 창의적인 무대 구성 그리고 무용수 표현의 독특성은 주제와 관련된 진정성과 타당성 여부에 달려있다.

한국의 궁중무용은 유교적 규범이나 왕의 덕을 찬양하는 내용을 담고 있는 의례적인 공연 형태이다. 동작보다는 담겨있는 내용을 전달하기 위해 전체적으로 화려한 격식을 갖추고 있다. 무대 구성에서 오방색(五方色)에 관한 규범적 틀이 적용되는 조화와 대칭적 구도를 보여준다. 악가무일체(樂歌舞一體)로 춤의 내용을 노랫말로 설명하고 진행도 소리에 따라 좌우된다. 곡을 연주하는 악사들이 박을 치는 신호를 따라 춤이 진행된다. 노래와 춤이 끝날 때도 박으로 신호를 보낸다. 도입 부분에서 무용수들이 나와 인사하고 춤의 내용을 알린다. 전개 부분에서 움직임을 통해 대형의 변화를 만든다. 진행상 중요한 부분에서는 춤과 창사(노래 가사)가 나온다. 종결부에서는 무용수들이 춤의 끝을 알리며 퇴장한다.

한국 민속춤에는 삶과 밀착된 감정과 종교적 행위들이 나타난다. 자유분방한 동작으로 희로애락의 감정을 드러내며, 강하게 뿌리고 터는 동작으로 귀신을 물리치는 의식적 행위를 보여준다. 인위적인 형식보다는 즉흥성과 공동체적 성격이 강하다. 탈춤에는 사회적 풍자를 소재로 재담과 노래 그리고 몸짓이 구성된다. 춤으로 등장 인물의 성격을 묘사하고 가면극의 내용을 이끌어 간다. 풍요를 기원하는 내용이 담긴 농악무에서는 꽹과리와 장구 소리가 흥겨운 어깨춤을 이끌어 준다. 태평소의 애절한 소리와 함께 울리는 타악기 리듬에 맞춰 흥겹게 춤춘다. 어깨를 들썩이며 장단을 맞추고 팔을 들면서 춤을 추다가 호흡을 멈추어 신체의 한 부분을 끄덕거린다. 흥이 오르면 엉덩이를 흔들거나 손을 흔든다(정병호, 1999).

낭만 발레에는 영원한 사랑 이야기를 내용으로 하여 달빛 아래 몽환적인 분위기가 제시된다. 발레리나들은 공중으로 날아오르고 가벼운 천으로 겹겹이 쌓여있는 뛰뛰(tutu)를 입고 발끝으로 서는 토슈즈(toe shoes)를 신었으며 신비하고 초월적인 존재로서 초자연적인 요정의 성격을 묘사한다. 고전발레는 공주와 왕자가 등장하는 동화적 내용으로 작품이 전개된다. 르네상스 시대를 연상시키는 화려한 궁정 의식이 배경이 되어 다리를 올리고 뛰고 도는 동작 기교들이 조화와 균형을 이루며 스펙타클한 장면들을 연출한다.

〈백조의 호수〉에서 낭만적 고전 작품의 특징이 나타난다. 이바노프가 안무한 2막에서는 백조들이 밤마다 인간의 모습을 되찾는 호숫가의 정경이 나온다. 백조가 마법에 걸린 공주임을 알리는 백조의 서정적인 춤동작이 펼쳐진다. 쁘띠빠가 안무한 3막의 무도회 장면에서 흑조가 고난도의 테크닉을 하면서 극적인 긴장감을 전달한다. 고전발레의 주제를 해석하는 무용수는 당스데꼴 동작어휘와 형식미를 보여준다. 그랑빠드되로 유명한 장면은 〈백조의 호수〉 3막의 흑조 빠드되이다. 여기서 흑조는 32회전 후에떼뚜르 테크닉으로 왕자를 유혹할 만한 완벽한 기교를 보여준다.

현대주의 안무가들은 주제를 보다 직접적인 표현 동작으로 나타낸다. 주제와 관련된 부분적인 요소들을 섬세하게 다루면서도 전체적인 조화를 이끌어 간다. 의미보다는 시각적 상징성을 주제로 하는 무용 스타일이 나타난다. 〈빈사의 백조〉(1905), 〈레실피드〉(1909), 〈불새〉(1910), 〈장미의 정령〉(1911)에서 이야기 전개가 아니라 움직임 자체의 추상적 상징성을 보여준다. 주제에 맞는 상징적 인물이 시각화되었다. 단순한 기하학적 패턴으로 공간을 만드는 구성력을 보여준다.

마씬느(L. Massine, 1895~1979)가 안무한 〈퍼레이드〉(1917)에서 입체파와 미래파 사이의 실험적 주제가 다뤄졌다. 형태 중심의 기계적인 동작, 음향효과, 비논리적 구조, 입체파 조형물로 만든 무대의상 등 관습에서 벗어나는 시각 중심의 무대가 도입되었다. 발란신(G. Balanchine, 1904~1983)은 전통적인 기교를 새롭게 구성하여 절제된 동작과 추상적 형태로 분절된 리듬을 구성한다. 발란신의 추상 발레에는 단순한 선과 색다른 연결방식 그리고 전통에 없던 움직임 이미지가 포함되었다. 공간적 디자인은 단순해졌고 리듬은 움직임의 구성 원리로 적용되었다.

머스 커닝햄(M. Cunningham, 1919~2009) 역시 추상적인 주제를 다룬다. 작업방식에서 기본 동작들은 제공하지만, 무대 공간과 시간적 진행에서 무용수 스스로 선택하는 우연성 원리를 적용한다. 시작과 끝이라는 미리 짜여진 진행방식이나 진행상에 중요한 부분을 배제했다. 전통적 무대 공간의 구분도 사라졌다. 안무 과정에서 장치, 의상, 음악, 동작들이 유동적으로 결합되며, 일련의 동작단위들은 무작위성과 자기결정에 의해 연결된다.

인간의 원시적 감정을 이끌어내기 위해 종종 신화나 제의적 주제를 작품에 도입한다. 민속이라는 소재는 의도적으로 고안된 시공간적 구조 속에 가장 단순하고 세련된 형식으로 표현되었다. 니진스키(V. Nijinsky, 1889~1950)는 러시아의 전통 신화를 소재로 반복적 리듬을 강조한 〈봄의 제전〉에서 미지의 세계에 대한 인간의 영원한 두려움을 보여준다. 니진스카(B. Nijinska, 1891~1972)는 〈결혼〉에서 단순한 무대 의상과 구도를 통해 민족적 관습에 대한 새로운 해석을 보여준다.

이사도라 덩칸의 춤에서 주제는 여성들의 자기실현에 대한 무의식적인 열망이다. 자연의 아름다움과 조화를 이루면서 삶에서 겪는 감정을 솔직하게 드러낸다. 복잡한 스토리와 수많은 등장인물을 배제하고 단순한 감각으로 구성하였다. 고든 크레이그의 청회색으로 처리된 단순한 무대배경을 사용하고 바흐, 베토벤, 브람스,

쇼팽, 차이콥스키의 음악을 사용하였다. 고대 그리스 조각상에서 영감을 얻어 인간 신체를 그대로 보여주는 튜닉을 걸치고 맨발로 춤을 추었다. 규범과 전통으로부터 신체를 해방하는 자유로운 춤에서 무한한 상징을 발견했다.

마사 그라함(M. Graham, 1894~1991)은 주제에 있어서 신화나 전설, 민족의 전통의식 속에서 진실한 삶의 국면이나 정서를 다룬다. 강한 신체 훈련을 통한 표현적 몸을 강조했으며, 감정적인 충동에 이끌리는 일련의 동작을 구성했다. 복부를 꽉 조이면서 바닥에서 몸을 돌돌 말고 무릎을 꿇은 자세에서 상체를 활짝 펼치는 동작으로 파격적이고 강인한 정신을 표현했다.

마리 뷔그만(M. Wigman, 1886~1973)은 매우 개인적인 취향을 담고 있는 실험적인 작품인 〈마녀의 춤〉(1914)으로 기괴하고 자기 표현적인 표현주의 이념을 보여주었다. '죽음의 춤'이라는 부제가 붙은 쿠르트 요스(K. Jooss, 1901~1979)의 〈녹색테이블〉(1932)에서 뚱뚱한 아줌마, 노인, 키 작은 남자 등 일상에서 볼 수 있는 평범한 사람이 등장한다. 전형적인 극적 구조 대신 독립된 장면들을 나열하는 방식으로 주제를 전달했다.

표현주의 전통을 이어받은 피나 바우쉬(P. Bausch, 1940~2009)는 작품의 주제를 창작하는 과정에서 무용수들의 해석을 포함시켰다. 분절된 장면을 이어가면서 사실적 이미지들을 생소한 느낌으로 묘사한다. 인간심리를 끌어내는 자유로운 연상과 행동들이 경험 자체를 재조직한다. 상호 관련없는 독립된 장면들이 나열되고 모험을 열망하는 육체성(physicality) 그 자체가 드러난다. 애조를 띤 멜로

디의 왈츠는 그 자체로 많은 것을 연상시킨다.

후기 현대주의에 나타난 무용의 주제는 '움직임 그 자체'이다. 비표현적 움직임은 상징적 의미나 심리적 묘사를 배제하고 움직이는 것 자체에 집중하며 무용수는 중립적인 행위자로 춤춘다. 스티브 팩스턴(Steve Paxton)은 듀엣 형식의 접촉 즉흥(contact improvisation)으로 춤에서 자유로운 형식을 탐색했다. 접촉 즉흥에 의해 이끌어지는 동작은 인간 신체의 생물학적 기능에 집중될 뿐만 아니라 외부 환경과 조화를 이루도록 신체를 조절한다. 한편으로 자신에게 체중을 싣고 다른 편으로 이것을 지지해 주는 상대방과 힘을 교류하면서 서로에게 집중한다. 이러한 기법은 운동감각과 외부적 힘의 작용을 이용한다. 건물의 외벽을 타고 걸어 올라가는 것처럼 새로운 공간을 실험하고 우연하게 발생하는 신체 접촉에너지를 이용한다.

안무 과정의 탈권위적 태도는 창작과정에 참여하는 사람들과의 협력관계에도 영향을 준다. 현재적 자기인식을 기반으로 심신을 일치시켜 나가면서 새로운 영역을 발견하는 춤은 기존 권위에서 벗어나는 움직임 방식이다. 반복 재생산되는 아카데믹 춤 기법이나 전통적 안무방식의 대안을 찾고, 과정 중심 작업방식으로 인간 움직임의 한계를 실험한다. 공연에서는 전적으로 무의식적인 반응에 따르는 것이 아니라 계획된 자발적 움직임 방식을 따른다.

창작과정에서는 안무가의 주도적 역할이 사라진다. 무용수들은 모두 동등하게 그들 자신의 춤을 춘다. 안무가는 작품을 전체적으로 구성하면서 작품의 일부분 혹은 공연 도중 즉석에서 창조되는 즉흥적 부분도 포함시킨다. 사람들 사이의 접촉이 경쟁이나 성적 이미지 등 사회적 관습을 반영하는 것이 아니라 움직이는 존재 자체를 보여준다. 즉흥적 동작들은 내적 의미와 관련되지 않는 인간 신체 움직임 자체에 대한 새로운 경험을 가능하게 한다.

포스트모던 댄스에서 기존의 형식을 벗어나 무용 매체를 실험하였다. 숙련된 기술을 요구하지 않는 거침없는 행위로 움직임의 순수성과 진정성을 찾는다. 발레의 우아한 몸짓이나 현대무용이 보여주는 정서적 표현과는 다르다. 토슈즈의 비현실적 공간이나 맨발이 보여 준 깊은 인간 정서의 공간과 구별되는 일상 공간에서 운동화를 신었다. 이들의 무용은 관습적 춤 스타일을 풍자하거나 일상적 행위의 구체적인 경험을 그대로 보여주며 여러 가지 동작 방식을 혼합했다.

극장의 구조에서 벗어나는 발상은 무용의 형태를 바꾸는 극단적인 실험으로 나타났다. 메레디스 몽크(M. Monk), 케네스 킹(K. King), 포에브 네빌(P. Neville) 등의 무용가들은 화랑이나 고층 건물 꼭대기 등 비무대적인 공간을 사용했다. 관객과 공연자들은 친밀하게 소통하며 공연 상황에 참여했다. 공간개념이 새로워졌고 실험을 통해 형식이 변화했다.

시간상 배열에서 인위적으로 조작되지 않은 일상적인 시간을 그대로 보여주거나, 시간적 배열의 순서가 사라지고 평면적 시간을 제시함으로써, 시간적 구조에 얽매이지 않는 자유로운 방식을 보여주었다. 무용에서 극적인 전개 과정이나 설명 없이 우연한 시간과 공간 속에서 예측할 수 없는 미래에 내맡겨진 채로 진행되었다.

때로는 내러티브 구조가 배제되기도 하며 놀이와 모험의 상상적 체험이 등장한다. 초기 모더니즘의 내용이었던 상실해 버린 인간적 친밀감을 추구하는 인본주의적 주제나 인간의 나약함, 소외, 반항 등이 다시 무용의 주제가 되기도 한다. 놀이형식을 주제로 대중음악에 맞춰 춤을 춘다거나 무술 동작이나 아크로바틱한 동작으로 인간 신체의 한계를 초월하는 실험을 한다.

맥락분석	제 목:
	안 무:
	관련자료:
	분석목적:

시대적 배경	
춤맥락	
장르 / 스타일	
주제	
주요 의미	
핵심적 가치	

맥락분석	니진스카 〈 결혼 〉	
		이론과 14학번 김소희

시대적 배경	20세기 초 러시아의 사회, 경제, 문화 및 모든 구조가 급진적으로 재정립되었다. 당시 러시아 예술의 가장 큰 특징은 보다 새로운 것, 생활 속에서 발생하고 있는 것, 형성되고 있는 것에 대한 그 독특한 첨예함으로 정치성, 현실성, 대중성을 강조하였다. 당시 농민계급이 급격하게 어려워진 상황을 살아가는 여성들은 땅을 경작하고, 가축을 돌보고, 출산과 양육을 하고 살림을 꾸리며 때로 신체적 성적 학대를 당하는 삶의 무게를 견뎌야 했다.
춤 맥락	예술무용의 맥락에서 유럽에서 시작된 발레가 러시아로 이어졌으며, 러시아 무용가들이 프랑스로 건너가 다시 현대 예술 무용을 발전시켰다. 20세기에 러시아 발레는 디아길레프와 그의 무용단 발레뤼스를 통해 혁신적 발전을 이루었다.
장르 / 스타일	1923년 발표된 니진스카(B. Nijinska)의 〈결혼〉은 러시아 발레가 현대적 예술무용으로 변화된 모습을 보여준다. 이것은 낭만과 고전형식에서 벗어나서 주제와 형식적 측면에서 새로워진 현대발레이다. 또한 주제에 따른 감정을 배제하고, 동작과 장면을 단순화하고 축소해 절제된 형태를 보여준다는 측면에서 미니멀리즘 스타일이다.
주제	당시 사회에서 러시아 농촌의 결혼에 대한 음울한 현실을 보여주며, 결혼식이 신부가 맞이하는 비극임을 말하고 있다. 결혼은 주로 경제적 교환이었으며, 가정에 일꾼을 생산하는 것이다. 고전 발레의 화려한 결혼식의 의미를 새로운 시각으로 해석한다.
주요 의미	작품은 억압적인 사회 관습에 따른 결혼이 신부와 신랑에게 어떻게 작용하는지에 대해 단순하고 축소된 형태로 나타낸다. 신부의 입장에서 결혼의 암울한 모습을 보여주며, 결혼식이 인생의 절망적이고 음울한 시작임을 보여준다.
핵심적 가치	〈결혼〉은 간소화된 안무형식의 관점에서뿐만 아니라 해석적인 측면에서 급진적이다. 신부가 우울한 내면세계를 드러내어 축제 분위기에 그림자를 드리우며, 신부의 관점으로 다른 등장인물들을 묘사하는 점은 결혼식의 의미를 남성의 시각에서 여성의 시각으로 전환한다.

맥락분석	베자르 〈 볼레로 〉
	이론과 14학번 김지현

시대적 배경	1960년대는 제2차 세계대전 이후 경제의 발전 및 성장을 겪는 시기이다. 문화적으로는 권위주의와 전쟁에 회의를 느낀 청년들이 히피 문화에 심취하였다. 예술은 대중 지향적 성격이 강해지는데 음악에서는 록이, 미술에서는 팝아트가 유행하였다.
춤맥락	춤의 제의적 기능과 예술적 기능을 모두 발견할 수 있다. 춤이 절정에 가까워질수록 무용수들은 점차 주역 무용수의 움직임에 참여한다. 그러나 '참여'라는 집단적이고 단체적인 행위는 액자틀이라는 공간에 놓여 관객을 의식하고 있으며, 규칙적이고 기하학적인 구도를 보여준다.
장르 / 스타일	장르는 현대발레로, 고전발레 움직임과 내용의 인위성에서 벗어나 다양한 해석을 통한 표현성의 확대와 자유를 획득하였다. 기존 발레의 포지션과 테크닉을 유지하면서, 현대무용에 사용되는 자유로운 움직임이 포함된다.
주제	음악 〈볼레로〉에 대한 인상의 표현. 집단이 고도의 절정에 이르는 과정을 제시하고 있다.
주요 의미	음악의 고조와 춤의 고조가 같이 이루어지며 긴장감과 비장함이 작품 전반에 나타난다. 각 구성요소의 긴밀한 관계성이 작품의 완성도에 기여함을 보여준다.
핵심적 가치	안무적 측면에서, 타악기 리듬을 강조하는 제의적 춤의 특징이 반영되어있다. 정박마다 움직임을 배치하여 규칙적인 리듬을 시각적으로 제시한다. 연기적 측면에서, 주역 무용수가 군무진을 압도하는 권위적인 구도이다. 실비 길렘의 정밀한 동작 처리와 강한 집중력은 작품에 긴장감을 조성하여, 제사장과 같은 느낌을 전달한다.

맥락분석	커닝햄 〈 해변가의 새 〉 이론과 15학번 고은서
시대적 배경	발레에 의해 확립되었던 형식의 가치를 탈피해 온 미국의 현대 무용가들이 점차 자신의 스타일을 반복 재생산하면서 또다시 형식적인 틀에 갇히게 된다. 새로운 무용 기교와 인간 내면을 탐색하던 무용가들은 스스로 춤의 본질에 대한 의문을 던지기 시작했다.
춤맥락	커닝햄(M. Cunningham)은 그라함의 제자로서 현대무용의 계보를 잇는다. 그러나 1960년대에 니콜라이 및 테일러의 실험 작업이 확장되면서 줄거리 나열이나 자기표현에서 벗어나서 춤을 구성하는 새로운 접근 방법을 탐색하기 시작했다.
장르 / 스타일	1970년대 뉴욕의 저드슨 댄스 시어터로 알려진 집단의 극단적인 실험들이 세월이 흐를수록 사라졌지만, 그 당시의 실험은 춤 개념을 변형시켰으며 춤의 경계를 확장했다. 무용가, 미술가, 작곡가, 문인 그리고 영화 제작자들이 다수 참가하는 혼합 매체예술 이벤트나 퍼포먼스들이 나타난다.
주제	'해변가의 새'라는 주제로 동물과 자연을 모방한다.
주요 의미	스토리를 전달하지 않지만, 그 무엇을 연상시킨다. 해변이라는 공간을 연상시키는 파도 소리, 그리고 무채색에서 시작해서 다양한 색상들이 나타나는 것으로 해변에서 새벽부터 황혼까지 공간이 변화한다. 동작들은 단조롭게 해변을 거니는 새들과 자연의 느낌을 연상시킨다.
핵심적 가치	커닝햄은 단조로운 동작을 공간적 제약이 없는 영상에 나열한다. 존 케이지 음악, 마샤 스키너의 조명과 의상, 영상 감독들과 함께 작품을 구성했다. 무용수들은 단조롭게 동물을 모방한 동작으로 감정을 배제한 움직임을 보여준다.

맥락분석	할프린 〈 기억하며 〉
	이론과 15학번 신재영

<table>
<tr><td>시대적
배경</td><td>1920년 일리노이 위네트카에서 태어난 할프린은 러시아 유대인 대학살을 피해 시카고로 망명하여 살아온 가족사적 배경을 지닌다. 유대교 적 배경에서 자라난 그녀는 스스로를 '남다르다'라는 신념을 갖고 미국 사회 속에서 독립적으로 성장하여 개척적인 작업을 이루어 왔다. 2차 세계대전 이후 혼란과 발전을 거듭해온 서구사회는 문화예술적 혁명과 포스트모더니즘으로 넘어오는 시기에 급진적 변혁주의로 나아가게 된다. 인간의 개성과 다양성 및 대중성, 상호소통을 중시하게 되었다.</td></tr>
<tr><td>춤맥락</td><td>할프린(A. Halprin)은 근대 예술 무용 발전의 맥락에서 포스트모던 댄스 및 커뮤니티 댄스의 선구적 역할을 했다. 또한 공동체적 성격의 예술 치유로서 춤의 위상을 정립하였다. 할프린 본인의 치유 경험에서 비롯된 치유적, 공동체적 성격의 타말파 연구소에서 삶과 예술을 통합하는 활동을 하고 있다. 타말파 연구소가 후원한 안나의 '95세 기념 헌정 행사'의 전 공연 티켓수입은 미국 타말파의 아트콥(artcorps)이라고 하는 세계 각지에 예술을 통해 삶을 회복할 수 있도록 하는 교육프로그램 진행 지원에 모두 쓰였다. 안나는 이 행사에서 신작 〈기억하며 remembering〉를 창작해 공연했다.</td></tr>
<tr><td>장르
/
스타일</td><td>안나 핼프린은 21세기에 현존하는 무용가로서, 춤 예술에 포스트모던 정신을 가지고 다양한 장르적 통합을 실현한다.</td></tr>
<tr><td>주제</td><td>자신의 인생 추억을 담은 춤이다. 춤의 마지막 메시지는 '내겐 가족이 정말로 중요합니다. 당신(손자)은 나에게 중요합니다'이다. 지난 인생을 되짚고 손자에게 자신의 의자를 비워주는 장면에서 많은 사람이 눈시울을 붉혔다.</td></tr>
<tr><td>주요
의미</td><td>안나 핼프린은 삶과 치유, 삶과 예술이 분리하지 않고 하나로 통합하는 과정을 잘 보여주었다. 이 춤에서 핼프린의 예술과 삶의 공동체성은 다음 세대로 이어지고 있다.</td></tr>
<tr><td>핵심적
가치</td><td>안무적 측면에서 단순하고 반복적인 일상을 보여주면서도 세대를 연결하는 긴 시간의 흐름을 상징화하였다.
연기적 측면에서 안나와 손자의 기쁨, 애틋함, 슬픔, 반가움, 그리움의 정서가 사실적으로 표현된다.</td></tr>
</table>

맥락분석	김백봉 〈 부채춤 〉
	이론과 16학번 김다솔

시대적 배경	〈부채춤〉이 등장한 시기는 6·25전쟁 종전 1954년이다. 휴전과 전쟁 폐허라는 열악한 환경과 이념적 대립 속에서 예술의 자율성이 억압되었다. 서구 문화가 들어오면서 무용가들은 전통춤과 전통 춤판을 깊게 고찰하기보다는 서구 지향적 미의식에 사로잡히게 되었다.
춤맥락	일본을 통해 서양무용 기법을 받아들인 최승희의 〈무당춤〉에서 사용하는 부채에 영감을 받아 예술 무용으로 탄생하였다. 이후 양손 부채춤으로 발전되어 독무로 추어질 뿐만 아니라, 스펙터클한 대형의 군무로 공연되고 있다. 또한 세계적으로 한국을 대표하는 춤으로 널리 알려져 오고 있다.
장르 / 스타일	20세기 초, 무대공연 양식으로 만들어진 한국무용이다. 한국의 전통적 소재로 서양 프로시니엄 무대에 맞추어 구성된 신무용 스타일이다.
주제	부채를 통해 나비와 같은 화려하고 밝은 한국적인 미를 표현한다.
주요 의미	펄럭이는 부채의 형상에는 나비를 소재로 한 자연 친화적인 한국의 미가 담겨있다. 궁중무용의 화려하고 장식적인 요소를 지님과 동시에 민속무용의 특징인 내면의 자유로운 정서를 표현한다. 또한 서구화된 무대 양식에 맞는 조형미가 돋보인다.
핵심적 가치	안무적 측면에서 전통 춤사위를 기초로 하면서 신무용의 활발한 발동작과 역동적인 팔사위로 구성된다. 연기적 측면에서 밝은 표정과 우아하고 기품 있는 호흡으로 춤을 춘다.

6장 동작분석

동작의 모든 부분을 낱낱이 분석한다는 것은 사실상 불가능하다. 동작을 일반적 기준으로 자세히 나누는 것이 때로는 혼란을 가져오거나 특정 무용을 이해하는데 불필요한 경우도 있다. 춤이 기록된 자료는 무보, 사진, 영상, 언어적 설명 등 다양하다. 연구의 주제와 현장 적용 여부에 따라 자료가 선택된다. 그 어떠한 자료든 춤 현상을 인식할 수 있고 소통 가능한 형태가 되어야 한다. 분석 방법으로 시각적 이미지 분석, 신체 기능적 원리 분석, 의미체계 분석을 사용한다. 무용 스타일에 따라 적절한 분석 방법이 고려되어야 하며, 다각적 관찰을 위해 여러 가지의 분석 방법을 사용한다.

시간의 경과에 따라 공간적 위치를 바꾸는 신체 동작(movement)은 그 형태가 지속적으로 변화하는 일련의 움직임 특질인 동작패턴(movement pattern)으로 발전한다. 동작 특징을 파악하기 위해 첫째, 관련 영상을 시각적 이미지로 분석한다. 둘째, 동작체계로 분석한다. 근골격 협응체계, 양식화된 동작 패턴과 구성 요소, 델사르트의 분류 개념, 라반의 움직임 개념을 활용한다.

1. 이미지 분석

무용을 대상화시키는 가장 직접적인 방법은 영상 기록이다. 무용 작품을 연구하고 싶다면 관련 영상을 구해야 한다. 춤 영상을 확보했다면 구성적 부분들을 요약하거나 연속적인 동작으로 분석하여 특성을 파악한다. 무용 동작 그 자체를 관찰하고 문서화하기 위해 시각적 이미지를 만든다. 영상 자료를 통한 이미지 분석은 무용의 시공간적 제약을 벗어나서 반복관찰을 가능하게 만들어 준다. 효율적으로 장면을 요약해 주고 동작특징을 정밀하게 보여준다. 영상으로 촬영된 데이터를 연속적 프레임이나 요약된 장면으로 분석하면 순간적으로 지나간 동작의 신체적 특징과 위치를 파악할 수 있다. 동작을 연속 프레임으로 분석할 때 2시간이 넘는 작품들을 몇 개의 이미지 장면으로 요약하거나 초당 60프레임의 장면들을 반복 관찰해서 중요한 장면을 추출한다.

2차원 시각적 이미지는 신체 부분 사이의 관계를 평면적으로 보여준다. 정지된 화면을 통해 신체 부분들 사이의 협응 패턴을 관찰하고 정면과 측면에서 관절 각도, 기울기, 굴곡−신전, 내외전을 분석한다. 또한 연속적 동작에서 중요 시점을 분석하고 공간 위치 등을 시각적 이미지로 만들어준다. 연속장면을 정지시켜 동작순서를 평면에 나열하면 간편하게 정리하여 문서화 시킬 수 있다. 2차원 이미지의 한계를 벗어나도록 동작의 정면, 측면, 뒷면을 동시에 포착할 수도 있다.

3차원 디지타이징으로 동작을 기록할 경우에는 더욱 정확한 텍

〈빈사의 백조〉의 안나 파브로바(A. Pavlova)

스트 분석과 기록이 가능하다. 3차원 분석에서는 동작이 일어나는 동안 신체 각 부분의 위치, 관절의 위치, 한 관절에서의 동작과 다른 관절의 동작 사이의 시간적 관련성을 분석한다. 이때 얻어진 데이터는 그래픽 작업을 통해 디지털 기록물로 보존할 수 있다.

2. 동작체계 분석

1) 협응체계

내외적 자극에 대한 인간 유기체 반응의 총체적 개념인 행위 (behavior), 사지 움직임으로 구성되는 목표 지향적 반응인 행동 (action)은 운동기술을 구성하는 최소단위이다. 운동기술은 도달해 야 할 특정한 동작 목표를 효율적으로 성취하는 능력이다. 무용에 서 운동기술은 춤 스타일에 따라 성취 목표가 달라진다.

무용 동작에는 다양한 기술들이 복합되어 있다. 동작에 사용되 는 근육 군에 따라, 동작의 시작점과 끝점의 연결성에 따라, 스스 로 신체를 조절하는 것과 타인과의 상호작용에 따라, 특정한 도구 의 사용 여부에 따라, 공간에서 균형을 잡거나 공간을 이동하는 여부에 따라 신체를 조정하는 초점이 다르다. 동작 기술을 수행할 때, 신체 내의 효율적인 협응 패턴에 따라 균형적 자세와 동작이 만들어진다. 척추가 연결된 두개골부터 꼬리뼈, 몸통과 팔 움직임 을 결정하는 견갑골과 손, 하체 움직임의 무게 중심을 지탱하는 좌골과 발뒤꿈치로 연결된다. 신체 각 부분은 서로 상응하는 균형 과 힘을 유지하면서 공간 안에 형태를 만든다.

인체는 관절의 가동범위와 힘의 방향과 작용지점에 따라 공간에 서 자유자재로 움직인다. 춤의 스타일에 따라 춤에 적합한 신체사 용 방법도 달라진다. 신체의 기능적 원리를 기반으로 무용 기법들 은 다양해지고 있다. 기능적으로 신체 동작 단위들을 조절하고, 중력과의 관계에서 힘의 작용을 이용한다. 관절의 가동범위를 고려하여 물리적인 힘을 자유롭게 구사하며, 근육 작용을 조절하여 길고도 유연한 선을 만든다.

신체는 전체로 연결되어 한 부분이 움직이면 신체 전체에 영향을 준다. 척추는 몸의 중심을 가로지르는 부분이며, 몸의 수직축을 세워주는 기둥이다. 척추 움직임은 인간의 생물학적 발달과정에서 자연발생적으로 나타난다. 척추 움직임을 중심으로 단순한 단계에서 점차 복잡한 단계로 신경 경로와 지각체계가 변화하면서 움직임 패턴들이 발전된다. 척추와 몸통이 안정적으로 움직이고, 몸통에 연결된 사지에서 기교와 표현적 동작들이 나타난다. 상체와 하체의 움직임, 오른쪽과 왼쪽의 움직임들이 분리되고 연결되고 교차하면서 인간의 생명을 표현한다.

골격근의 작용은 동작의 방향을 결정하고 힘을 조절한다. 중력에 저항하는 힘을 이용하여 자유자재로 움직이고 멈추는 동작을 한다. 신체의 정면, 측면, 횡단면을 축으로 굴곡 신전, 외전 내전, 회전운동이 일어난다. 근육 단위들은 관절을 중심으로 지렛대의 원리로 팔다리를 들어 올리고, 턱의 위치조절, 뒤꿈치를 들어 올린다. 근섬유 수축력과 탄성을 이용하여 동작의 특성을 표현한다.

허리 부분은 몸통의 중심으로 다리와 팔을 연결하는 중요한 역할을 한다. 허리 앞의 복부 근육과 골반 아래의 근육이 이어지며, 다리 움직임에 영향을 준다. 다리를 구부리고 골반을 안정시키고 몸통을 옆으로 굽히거나 돌리면서 동작을 조절한다. 또한 허리 움직임은 팔과 연결된 근육작용을 통해 몸통의 느낌을 확장한다. 다리는 체중을 지지하고 공간을 이동하는 기교적 동작을 주도한다. 골반에서 다리를 잇는 고관절은 다리와 몸통이 교차하는 곳으로 하지의 운동성을 좌우한다. 무릎 아래 발까지 이어지는 관절운동에 의해 동작 기교가 수행된다. 신체에서 가장 큰 힘을 발휘하는 대퇴 근육은 다리를 올리고, 굽혔다가 펴고, 뛰어오르는 역동적 기교를 감당한다. 고관절과 슬관절의 협응력과 대퇴사두근의 근력 그리고 햄스트링과 아킬레스건의 길이는 하체 기교에서 중요한 역할을 한다.

가슴근육은 어깨와 팔에 연결되어, 양측으로 수축하면 어깨와 팔이 모이고, 흉추는 뒤로 나오고 머리는 뒤로 기운다. 복부의 근육은 몸의 중심이며 호흡과 함께 수축하면서 전신을 조절한다. 팔은 몸통 표현을 확장하고 섬세하게 감정을 전달한다. 체중을 지지하는 하체가 단단히 고정되면 팔 동작이 자유로워진다. 견갑골은 흉곽, 어깨 관절과 팔, 목 부분의 근육까지 연결되어 상체표현에 중요한 역할을 한다. 어깨 관절은 여러 방향으로 자유롭게 움직이는 구조이며, 팔꿈치 관절은 한쪽으로 움직인다. 아래팔 관절은 작게 회전하며 손과 발은 섬세하게 움직인다.

2) 양식체계

무용에는 오랜 세월 만들어진 양식적 규범이 전해져 내려온다. 아카데미 발레를 통해 기본자세와 동작들이 명확히 정리되어 전해진다(Guillot & Prudhommeau, 1976). 발레는 척추를 곧게 세우고 골반의 외전과 발끝을 펴는 포인트(point) 기법이 기본자세이다. 몸은 정면을 향해 흐트러지지 않으면서도 다리는 사방으로 자유롭게 이동한다. 발의 위치에 따른 5가지 기본 포지션, 팔의 8~12가지 포지션, 머리의 기본 위치, 아라베스크와 에뜌뜨드가 기본동작이다. 이것들을 기초로 조합하면 무수히 많은 동작이 나온다. 이러한 포지션들이 조합되고 변형되어 더욱 다양한 동작 기술들이 만들어진다.

발레 동작

port de bras	형식적인 팔 동작
relevée	발바닥을 내려놓은 상태에서 발을 반만 들거나 발끝으로 서는 동작
plié	무릎을 구부리는 동작
bourrée	한 발끝에서 다른 발끝으로 옮겨가는 빠르고 작은 스텝
arabesque	한 다리로 서고 다른 다리는 뒤로 올려서 충분히 펴는 자세
attitude	한 다리를 뒤로 들어 올려 구부린 자세
jeté / leap	한 다리를 공중에 던지고 체중은 한발에서 다른 발로 옮기는 동작
sauter / jump	공중으로 뛰어오르는 동작
entrechat:	점프하여 공중에서 발을 교차하는 동작
battement	다리를 차서 들어 올리는 동작
cabriole	다리를 90도까지 차올리면서 공중에서 다리를 부딪치는 동작
pirouette	한발을 먼저 딛고 다른 한 발을 가져다 붙이면서 도는 동작
fouetté	제자리에서 한 다리로 돌고 다른 한 다리는 공중에서 회전시키는 동작

고전 발레에는 작품의 스토리를 전달하는 연기 장면과 동작 기술을 보여주는 춤 장면으로 구분된다. 가장 중요한 형식 단위는 남녀 주인공이 등장하는 아다지오와 빠드되이다. 그 외에 순수하

게 즐거움을 주기 위해 삽입된 발레화 된 민속춤인 캐릭터 댄스와 기교를 과시하는 바리아시옹이 있다. 작품의 줄거리와 관련이 없는 형식은 디베르티스망이다.

발레 형식	
Solo	무용수 혼자 추는 춤
Duet	무용수 2명이 추는 춤
Trio	무용수 3명이 추는 춤
Adagio	느린 속도로 진행되는 남녀주인공의 사랑의 2인무
Grand Pas de deux	아다지오-바리에션-꼬다로 이어지는 사랑의 2인무
Corps de ballet	통일된 스텝으로 상황을 묘사하는 군무
Coda	빠드되의 마지막 부분 혹은 특정장면에서 종결시키는 춤
Pas de d'action	스토리를 전달하는 연기장면
Divertissement:	순수한 즐거움을 주거나 기교를 과시하는 춤
Character dance	발레화 된 민속춤
Variation	기교적인 춤

현대무용의 양식체계에는 마사 그라함의 수축(contraction)과 이완 (release) 기법이 있다. 몸통의 수축과 이완으로 인간의 고통과 기쁨의 감정을 표현한다. 움직임은 복부에서 시작되어 점차 사지로 퍼져나간다. 전신의 동작이 연결되어 삐에타 포지션이나 나선형 동작으로 발전된다.

도리스 험프리는 낙하와 회복, 균형과 불균형의 동작 원리에서 역동성의 변화로 동작 기교를 발전시킨다. 공간 디자인의 측면에서 신체, 무용수의 구성인원, 무대 공간 디자인을 고려하여 신체의 대칭과 비대칭의 원리를 적용한다. 시간 디자인 측면에서 하나의 움직임 단위를 기본으로 하여 역동과 리듬을 변화시킨다. 음악적 구성, 내러티브 구성, 주제의 반복과 변주, 여러 개의 단위를 조합한 구성, 불완전한 형식을 적용한다(Humphrey, 1987).

한국무용의 기본자세는 발을 비정비팔(非丁非八) 모양으로 두고 서는 것이다. 호흡과 연결된 몸통 움직임과 함께 땅을 굳건히 밟고 무릎을 굴신하는 스텝이 기본이 된다. 어깨춤, 끄덕거림, 손을 감고 뿌리는 동작을 한다. 일정한 리듬에 따라 자유 형식이 진행되면서 극적인 절정에 이른다. 동작 형식에는 음양의 조화가 반복되면서 굽이치는 물결 모양이 나타난다. 오방색의 원리에 따라 공간이 구성되며 춤 형식에서 개인적인 춤과 집단적인 춤이 있다.

재즈(Jazz) 춤은 전 세계적으로 가장 사랑받는 대중적 오락 춤이다. 흑인문화의 낙천적이고 자유분방한 리듬과 도시적 세련미가 복합된 재즈 춤은 즉흥적인 자유 형식이 강하다. 따라서 동작 양상, 개인과 그룹 사이의 공간요소, 리듬에 따라 개별 베리에이션이 다양하다. 재즈 춤에는 원시적 동작 요소인 단순한 역동작, 원형, 각진, 곡선적, 회전, 고리형의 동작들과 하나의 동작에서 파생된 전이적 유형들이 나타난다.

3) 의미체계

신체의 형태에 따른 델사르트(F. Delsarte)의 의미체계 분석에서 신체는 세 부분으로 나뉘며 서로 연결된다. 신체 구분은 서로 통일성을 이루며 시간과 공간에서 상호작용한다는 의미에서 삼위일체론과 상호대응 원리가 적용된다. 시간 속에서 상호대응적 관계로 힘의 균형이 나타나고 공간 속에서 상호 연결되는 신체 동작에는 긴장, 이완 그리고 균형 상태가 변화한다. 신체 두 부분이 상반된 방향으로 움직일 때 힘이 느껴지며, 신체의 두 부분이 같은 방향으로 동시에 움직이면 형식적인 선이 만들어진다. 신체의 특정 부분에서 근육과 뼈와 관절이 연결되어 이어진다.

숨을 쉬는 방법에 의해 표현적 리듬이 만들어 진다. 똑같은 길이로 한 박자에 들이쉬고 한 박자에 내쉬는 것은 평온함을 유지하는 동작이다. 반면 정상적으로 3박자 동안 들이마셨다가 잠시 멈춘 다음 내쉬는 호흡에는 발작적이고 격한 감정이 표현된다. 불규칙한 호흡은 두려움과 고통, 작고 빠른 호흡은 불편함, 많은 산소를 길고 깊게 들이마시는 호흡은 무언가를 준비하는 표현이다. 호흡을 정지하는 것은 놀라거나 강조하는 제스처이다. 절정에 달하는 순간 숨을 멈춘 채 동작이 확장되는 표정으로 내면을 표현한다.

신체는 머리, 몸통, 사지 또는 머리, 가슴, 복부로 구분되며 각기 다른 의미를 지닌다. 신체의 가장 위에 있는 머리는 정신의 영역이며, 중간 부분인 허리 윗부분은 감정의 영역이고, 허리 아래는 육체의 영역이다. 구분된 부분들은 서로 대응되고 통합된다. 신체의 세 영역은 계속해서 세 영역으로 구분된다. 공간의 영역에서 시간적으로 진행되는 운동성까지 포함하면 그 양상이 수없이 다양하다.

머리는 다시 뒤통수, 이마 상단을 포함하는 정수리, 얼굴 부분으로 나뉜다. 뒤통수는 육체의 영역이고, 정수리는 정신의 영역이며 얼굴은 감정의 영역이다. 얼굴에서 이마와 눈은 정신, 코와 뺨의 상단은 감정의 영역이며 입, 턱, 뺨 부분은 육체의 영역이다. 눈은 눈동자, 눈꺼풀, 눈썹으로 나뉘어지며 눈썹의 움직임에 따라 의미가 달라진다. 눈썹 중앙을 치켜올리면 정신적 이해를 의미하며, 눈썹 안쪽 양 끝을 위로 올리면 짜증이나 약한 고통을 의미하고, 눈썹 안쪽 끝은 아래로 향하고 바깥쪽을 위로 올리면 사악한 얼굴이 된다.

코 부분은 감정에 관련하여 상반된 의미가 나타난다. 경주용 말의 활기찬 기운이 나타나기도 하고 활력 없는 콧소리로 나타나기도 한다. 입 부분에서 입꼬리를 올리면 미소 짓는 모양으로 행복과 즐거움을 나타내고 입꼬리가 쳐지면 슬픔과 불행을 의미한다. 팽팽하게 당겨진 입은 진실하고 비밀스러운 의미이고 느슨하게 열린 입은 관능적이거나 멍한 상태를 나타낸다.

몸통은 가슴 상단, 가슴, 복부로 구분되며 가슴 상단은 정신적 영역이고 가슴은 감정과 애정의 영역이다. 복부는 육체의 영역이며, 팔은 정신의 영역이다. 팔의 윗부분은 육체적 영역이며 팔의 아랫 부분은 감정의 영역이다. 손은 정신적 영역이다. 손가락은 얼굴처럼 다양한 표현이 가능하다. 둘째 손가락은 정신적 영역으로 특정한 방향을 지시한다. 셋째 손가락은 육체적 영역으로 조롱의 의미로 쓰이며 넷째 손가락은 감정의 영역이다. 새끼손가락은 가볍고 변덕스러운 의미이며 엄지손가락은 가장 중요한 손가락으로 활력 정도를 표시한다.

복부아래 다리는 육체적 영역이다. 팔이나 손만큼 풍부한 표현을 하지는 않지만 몸의 기초를 세워준다. 허벅다리는 육체적 영역이며 종아리는 감정적 영역이다. 발은 정신적 영역이며 뒤꿈치는 육체, 발바닥과 발등은 감정, 발끝은 정신적 영역이다. 몸의 뒤쪽에 해당하는 등은 인류 보편적 감정을 의미한다. 인류의 고뇌, 두려움, 기쁨 등 개인을 초월한 광범위한 감정을 표현한다. 등 쪽의 느낌은 얼굴과 사지로 확장된다.

신체가 움직이는 공간의 관계는 끊임없이 변화한다. 관객을 향해 정면을 응시하는 것은 최고로 강하고 긍정적인 모습이다. 무용수가 관객에게 옆모습을 보인다면 그것은 약간 부정적 의미가 감추어져 있다. 관객에게 등을 돌린 것은 상당히 강렬한 것을 암시한다. 동작 공간에서 사람의 몸을 기준으로 방향에 따라 부여되는 의미가 다르다. 앞 공간은 눈으로 확인할 수 있는 가장 편하고 자연스러운 공간이며 움직임이 활발하게 일어난다. 옆 공간은 개인적인 감정이나 의지적인 관심이 나타난다. 뒤쪽 공간은 비일상적이며 무의식적인 공간이며 부정적인 정서가 나타난다.

머리를 아래 방향으로 약간 숙이면 긍정적 암시, 머리를 아래로 깊이 숙이면 복종, 머리를 쳐들면 주장, 양옆으로 머리가 기울이면 무관심이나 불확실함을 나타낸다. 좌우로 돌리면 부정, 대상으로부터 사선으로 움직이면 무언가 비밀스러운 표현이 된다. 머리를 앞뒤로 흔들면 정신적인 혼란과 분열을 나타낸다. 아래위로 약하게 조절된 움직임은 긍정을 나타낸다.

몸통을 펴서 앞쪽을 향하는 자세에서 손을 가슴에 놓은 채 머무르면 사랑을 표현한다. 몸통의 크기가 변화되면 의미가 달라진다. 몸통을 부풀릴 경우 열광적 의지가 나타나고 몸통을 작게 수축하면 아픔, 투쟁, 소심한 마음이 표현된다. 몸통이 이완된 경우는 나태함이나 무기력이 묘사된다. 자세에 따라 사람의 성격이 나타나는데 가슴을 높이 젖혔을 때 자만심과 명예, 앞으로 나온 배는 자만심보다는 욕심을 드러낸다.

위아래로 출렁이는 몸통은 의지의 동요를 나타내며 몸통을 옆에서 옆으로 움직이는 동작은 결정하지 못하는 불안정한 정서를 나타낸다. 몸통이 뒤틀리거나 회전하는 동작은 참지 못하는 성격이나 혼란스러운 의지나 발작적 동요를 나타낸다. 몸통과 대상과의 관계에서 대상으로 기울이면 관심, 대상에서 멀어지며 기울이면 거부감, 대상 앞에 몸을 굽히거나 낮출 때는 수줍거나 추종한다는 의미이다. 머리를 뒤로 젖히고 대상에서 멀리 떨어지는 것은 관심이 없거나 반대로 어떤 것을 매우 기대하고 있는 갈망을 표현한다.

팔을 올리는 정도에 따라 활력이 달라진다. 팔을 밑으로 수직되게 놓인 상태에서 45도까지는 소심하고 중립적이거나 차가운 감정을 나타낸다. 45도부터 90도까지는 확산적이고 따뜻한 감정, 90도부터 180도는 열광적 감정을 나타낸다. 이와 같은 팔 동작의 정서적 표현은 앞쪽 직선이나 사선 또는 옆에서 동일하다. 어깨는 어떤 특별하거나 성적인 감정이 없는 정서를 나타내며 팔꿈치는 의지를 나타낸다. 팔꿈치가 몸통에 붙으면 겸손한 태도, 신체에서 떨어져 움직이면 자신의 의지를 주장하는 자만심이 표현된다. 또한 손목은 생명의 힘을 나타내기 때문에 육체적 상태를 보여준다.

손을 놓는 위치에 따라 묘사가 달라진다. 손을 머리 뒤에 놓으면 강한 활력을 암시한다. 정수리에 놓으면 신비로운 성격, 이마에 놓

신 체 부 분			의미
머리		뒷머리	
		정수리	
		이마와 눈	
	얼굴	코, 뺨 중간	
		입, 턱	
몸통		가슴 위	
		가슴	
		복부	
팔		위 팔뚝	
		아래 팔뚝	
		손등	
	손	손바닥	
		손가락	
다리		허벅지	
		종아리	
		발등	
	발	뒤꿈치	
		발가락	
등			인류 보편의 감정

으면 심사숙고하거나 두통을 나타낸다. 뺨 상단에 놓으면 부드럽고 애정 있는 모습, 뺨 하단과 턱에 놓으면 육감적인 느낌, 코에 둘째 손가락을 대면 알 수 없다는 느낌, 얼굴 전체를 감싸고 아래를 보면 두려움과 혼란 속에 빠진 기분을 묘사한다.

몸 앞에 있는 정육면체를 상상하고 손의 위치를 변화시키면 의미가 달라진다. 손바닥으로 정육면체의 마주 보는 면을 밀어낸다면 거부, 몸에서 먼 쪽 정육면체 면에 손바닥을 놓으면 방어와 보호를 뜻하고, 손바닥을 정육면체 위에 놓으면 축복, 손바닥을 정육면체 바닥에 놓으면 지지한다는 뜻이다. 손바닥을 측면 외부에 놓으면 소유·보호를 뜻하며, 손바닥을 옆면 안쪽에 놓으면 이동이나 고정을 의미한다(Shawn, 1968).

4) 에포트-쉐입체계

라반의 이론은 공간에 드러난 혹은 시각적으로 포착된 움직임 형태를 분류하고 서로 연관시킬 수 있도록 세분화한 개념 도구이다. 인간의 동작 개념을 체계화하는 라반의 이론은 기록이나 분석 도구들로 적용되고 있다. 또한 관찰된 동작의 상대적 특징과 변화를 묘사하는 개념으로도 사용된다.

에포트-쉐입(effort-shape) 분석체계인 라반의 분석이론은 이후 수많은 연구자들에 의해 발전되어오고 있다. 바르테니에프(Bartenieff)는 라반의 개념을 음악측정체계와 결합한 무용측정체계(choreo-metrics)를 발전시켰다. 이것은 역사문화적 맥락에서 특정 동작 방식과 전이 패턴을 비교하여 지역적, 기능적, 유파별로 분류하는 도구로 활용된다. 신체의 부분과 태도(part, attitudes), 동작이 변화되는 방식(transitions), 쉐입(shape), 에포트(effort), 흐름(flow), 집단의 관계와 구성형식(group relationships & formations)의 범주에서 문화적 관습에 의한 움직임 행위 패턴을 파악할 수 있는 도구이다.

라반 분석체계를 적용하면 특정한 규칙을 정하고 변화시키는 예술 작업에서 물리적 조건들을 체계적으로 다룰 수 있다. 포스트모던 시대에 머스 커닝햄과 존 케이지(J. Cage)의 작업에도 활용되었다. 감정을 배제한 순수한 물리적 반응을 발견하고 물리적 매체들을 재구성하는 안무작업에서 라반체계를 사용한다.

신체(body)　　신체는 전신, 상체, 하체, 우측, 좌측, 팔, 다리, 어깨, 가슴, 골반, 허리, 몸통으로 구분될 뿐만 아니라 머리, 눈, 코, 입, 귀, 손가락, 발가락으로 세분된다. 움직임 관찰을 통해 신체의 어느 부분이 주로 움직이는가, 부분들은 어떤 관계를 이루어나가는가를 파악한다. 움직임이 시작되어 이어져 나가는 현상, 그리고 움직임과 움직임의 연결고리를 파악하는 것이다. 신체 움직임은 호흡에 근거한 움직임, 역동적 배열에 의한 움직임, 공간을 향한 의지에 의한 움직임, 에포트에 의한 움직임, 시작과 순서에 의한 움직임, 무게중심의 이동에 의한 움직임, 회전에 의한 움직임, 발전적 형태에 의한 움직임으로 구분한다.

신체 행동(body action)의 특성에 따라 수축-신전, 구부리기-펴기, 모으기-뿌리기, 정지, 돌기, 움직임의 경로, 공중으로 비상, 무게를 지탱하는 부분의 변화, 무게 중심을 변화시켜 이동하는 행동으로 구분된다. 같은 신체 동작의 경우 움직임의 시작 지점에 따라 섬세한 느낌의 차이가 나타난다. 움직임이 몸의 중심에서 시작되거나, 팔꿈치나 무릎 부분에서 시작되거나, 몸통에서 가장 먼 손끝과 발끝에서 시작된다. 또한 움직임이 일어나는 순서에 따라 신체의 두 부분이 동시에 움직이거나, 인접한 신체 부분이 계속 이어지거나, 독립적인 신체부분이 연결되었을 때에 느낌이 달라진다. 악센트로 어투가 달라지는 것처럼 신체 동작에서도 특정한 부분을 강조하거나, 강조 없이 밋밋하거나, 끝을 강조하거나, 처음을 강조하거나, 짧게 진동을 한다.

형태(shape)　신체가 공간에 나타나는 방식에 따라 형태(shape)가 만들어진다. 형태의 3가지 원인은 첫째, 신체의 각 부분이 공간에 형태의 흐름(shape flow)을 만드는 것으로써 확장되어 나가거나 축소된다. 둘째, 공간으로 확장되어 뻗어 나가는 방향(direction)에 따른 움직임의 형태가 바퀴의 살(spoke-like) 혹은 원의 호(arc-like)를 그린다. 셋째, 형태를 만드는 방식(shaping)에 따라 공간 형태가 달라진다. 상승과 하강, 확장과 수축, 전진과 후퇴하는 동작에 따라 입체적 형태가 나타난다. 형태(shape)는 공간에 몸이 형성되는 방식이다.

공간(space)　공간에는 신체 움직임이 지나간 흔적이 남는다. 이것을 연결하여 공간적 형태를 발견한 것이 공간 개념이다. 공간에서 움직이는 몸에 의해 형성되는 자취들은 고유하게 조화롭고 자연스러운 것으로써 여기서 나타나는 형태는 일정한 관계를 지니게 되며 움직임의 자취는 입체적 공간 형태를 이루게 된다. 이러한 공간의 조화는 팔, 다리가 공간을 지나간 경로에 의해 만들어진 흔적과 신체를 둘러싼 공간에서 나타난다.

공간의 방향은 하나의 축에서 나오는 1차원 방향이다. 수직축에서(vertical dimension) 상하 방향, 수평축에서(horizontal dimension) 내외 방향, 시상축에서(sagittal dimension) 전후 방향이다. 두 개의 축은 2차원 공간을 이룬다. 수직축과 수평축이 만나는 수직면(vertical plane), 수평축과 전후축이 만나는 수평면(horizontal plane), 전후축과 수직축이 만나는 전후면(sagittal plane)이다.

세 개의 축이 결합하면 3차원 입체적 공간(crystalline forms)이 된다. 가장 안정적인 형태를 보여주는 정사면체(tetraedron), 대각선들의 연결로 이루어진 정육면체(cube), 축의 연결로 이루어진 정팔면체(octahedron), 정십이면체(dodecahedron), 면의 연결로 이루어진 것은 정이십면체(icosahedron)이다. 움직임의 배열에 따라 움직임 공간의 척도(scale)에 의해 기하학적 입체 공간이 드러난다. 움직임이 시간의 흐름에 따라 공간에 방향 축을 구체화하는 입체 공간적인 형태를 이룬다. 차원 척도(dimensional scale)는 정팔면체 내부에서 중앙을 가로지르는 축에 의한 움직임 배열에서 나타난다. 횡단 척도(transverse scale)는 정이십면체 내부를 가로지르는 3차원 방향의 끝점이 연관된 움직임의 배열에서 나타난다. 대각선 척도(diagonal scale)는 정육면체 내부에서 움직임 경로로 나타난다.

신체	부분	전신, 상체, 하체, 우측, 좌측, 팔, 다리, 어깨, 가슴, 골반, 허리, 몸통 머리, 눈, 코, 입, 귀, 손가락, 발가락
	동작	수축-신전 구부리기-펴기 모으기-뿌리기 정지, 돌기 움직임의 경로, 공중으로 뛰어오르기 무게 중심의 변화 무게 중심을 변화시켜 이동하기
	시작 지점	몸통 중심, 중간 관절, 말단 부분
	순서	동시성, 연속성, 연쇄성
	강조	균등, 악센트, 고조되는, 사라지는, 떨림
공간	몸이 움직이는 무한한 방향에 따라 남겨진 자취는 일정한 관계로 입체적 공간을 이룬다.	
	축과 방향	수직축 위, 아랫방향 수평축 좌, 우 방향 전후축 전, 후 방향
	입체공간	정4면체 가장 안정적인 형태 정6면체 대각선들의 연결 정8면체 축의 연결 정12면체 축의 연결 정20면체 면의 연결
형태	형태(shape)는 공간에 몸이 형성되어가는 방식이다.	
	신체의 각 부분이 공간에 형태의 흐름(shape flow)을 만드는 것으로써, 확장되어 나가거나 축소되는 형태가 나타난다. 신체와 부분들 사이의 일관된 관계로 인해 나타난다.	
	공간을 향해 신체가 하나의 목표점을 향하여 뻗어서 나타나는 경우와 공간으로 확장되어 뻗어나간 상태에서 움직이는 경우에 따라 방향(direction)이 나타나게 된다. 이때 움직임의 형태가 바퀴의 살(spoke-like)처럼 나타나든지, 원의 호 (arc-like)처럼 나타난다.	
	공간에서 신체가 입체적인 형태 만들기(shaping)를 통해 3차원에서 부피감을 드러낸다. 이때, 상승과 하강, 확장과 수축, 전진과 후퇴하는 동작의 방향에 따라 공간을 조각해 나가면서 입체적 형태가 나타난다.	

에포트(effort)　에포트는 인간 정신적 특징과 관련된 내면의 태도이며, 물리적 현상에 수반되는 미적 요인이다. 에포트의 종류는 자유롭거나 억제된 감정의 범주를 지닌 흐름(flow), 직선적이거나 우회적 사고의 범주를 지닌 공간(space), 가볍거나 무거운 감각의 범주를 지닌 힘(weight), 지속적 시간이나 변화하는 시간의 직관적 범주를 지닌 시간(time)이다. 이러한 4가지 에포트가 모두 나타나는 경우는 특정한 순간뿐이며, 일반적인 동작에서는 둘, 혹은 세 개의 에포트 결합이 나타난다. 2개의 에포트가 결합되면 불완전하고 변하기 쉬운 내적 상태를 나타낸다. 3개의 에포트가 결합하면 내적 충동(drive)이 나타난다. 힘·공간·시간의 에포트가 결합하면 행동 충동(action drive)이 나타나며, 힘·시간·흐름의 에포트가 결합하면 열정 충동(passion drive)이 나타난다. 힘·공간·흐름의 에포트가 결합하면 마력 충동(spell drive)이 나타나고, 공간·시간·흐름의 에포트가 결합하면 환상 충동(vision drive)이 나타난다.

에포트 어피니티즈(effort affinities)는 1차원 공간에서 한쪽으로 움직이는 형태와 거기에 수반된 에포트의 자연스러운 관계이다. 공간의 하나의 방향으로 나타나는 에포트 어피니티즈에서 가장 단순한 방향척도가 나타나며, 신체의 3차원 축으로 길이·넓이·깊이에는 이에 상응하는 운동공간으로 각각 두 방향척도를 갖는다. 3차원 입체공간인 정육면체의 8개의 꼭짓점 방향으로 대각선 척도로 움직이는 동작에 3개의 에포트가 결합된다.

에포트 어피니티즈 (Bartenieff, 1980)

공간 (Space)		형태 (Shape)	에포트 (Effort)	
축	방향		요소	범주
수직축	위	오르기	**무게**	가벼움
	아래	내리기		무거움
수평축	밖	넓히기	**공간**	분산
	안	좁히기		집중
전후축	앞	전진	**시간**	지속
	뒤	후진		변화

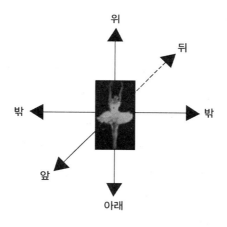

직립 신체의 수직축은 중심점이며, 수평축은 좌우 중심점, 전후
축은 앞뒤 중심점이다. 수직 축에서 직립신체의 상·하 방향으로
오르기(rising), 내리기(sinking)에는 무게감(weight) 에포트가 수반된
다. 위쪽을 향하는 방향으로 올라가는 형태에 에포트는 가볍고
(light), 아래를 향하는 방향으로 내려갈 때는 무겁다(strong). 수평축

의 좌·우 공간에서는 확장(spreading)과 수축(enclosing)하며, 공간감 (space) 에포트가 수반된다. 신체 외부로 열리는 방향으로 확장될 때 방향이 흩어지고(indirect), 신체 쪽으로 수축하는 형태에서 방향 이 모인다(direct). 전후축의 앞·뒤 공간에서는 전진과 후퇴할 때, 시간감(time) 에포트가 수반된다. 앞쪽으로 나갈 때, 에포트는 지속 적이고(sustained) 뒤쪽으로 물러갈 때, 에포트는 변화(quick)한다.

직립 자세의 신체는 길이·넓이·깊이의 최대한 확장에 도달함 으로써 삼차원 공간감각을 창출한다. 신체가 주변에 닿는 운동 공 간에서 중력은 아래로 잡아당기며, 반대 축은 위로 당기게 되므로 수직축은 길이의 차원이 나타난다. 인체는 기본적으로 수직축으로 안정, 수평축으로는 균형, 전후축으로 리듬을 만든다.

3차원 움직임은 운동 공간의 최대치를 만든다. 형태를 만드는 범위의 최대치이므로 운동 최대치를 보이는 표현적이고 기능적 범 위이다. 평면적 대칭축이 아니라 대각선적 대칭축에 둘러싸인 삼 차원 동작은 정육면체(cube)이다. 입체의 내부에 네 개의 대각선 대 칭축을 따라 움직이는 척도에는 행동 충동(action drive)이 나타난다. 인간 신체 중심에서 뻗어가는 정육면체 8개의 꼭짓점 방향에는 3가 지 공간 방향이 만나며 3가지 동작 형태(shaping)에 3가지 에포트가 수반된다.

3가지 에포트 속성이 복합적으로 수반된다. 즉 무게(Weight), 공간 (Space), 힘(Time)의 에포트는 무엇을(what), 어디로(where), 언제(when) 움직이도록 하는 의도(intention), 관심(attention), 결정(decision), 혹은 감각하고(sensing), 사고하고(thinking), 직관하는(intuiting) 내적 태도를

드러낸다. 1번 방향은 열린, 위, 앞 방향이다. 그 공간에 나타나는 떠오르기 동작에는 방향이 흩어지고, 무게가 가볍고, 시간상 흐름의 변화가 없다. 2번 방향은 닫힌, 아래, 뒤 방향이다. 그 공간에 나타나는 펀치 동작에는 방향에 초점이 있고, 무겁고, 시간상 흐름이 빠르게 변화된다. 3번 방향은 닫힌, 위, 앞 방향이다. 그 공간에 나타나는 미끄러져 올라가기 동작에는 방향에 초점이 있고, 가볍고, 시간상 흐름의 변화가 없다. 4번 방향은 열린, 아래, 뒤 방향이다. 그 공간에 나타나는 내리 베기 동작에는 방향이 흩어지고, 무겁고, 시간상 흐름이 빠르게 변화된다. 5번 방향은 닫힌, 위, 뒤 방향이다. 그 공간에 나타나는 때리기 동작에는 방향에 초점이 있고, 가볍고, 시간상 흐름이 빠르게 변화되는 속성이 수반된다. 6번 방향은 열린, 아래, 앞 방향이다. 그 공간에 나타나는 비틀기 동작에는 방향이 흩어지고, 무겁고, 시간상 흐름의 변화가 없다. 7번 방향은 열린, 위, 뒤 방향이다. 그 공간에 나타나는 휘두르기 동작에는 방향이 흩어지고, 가볍고, 시간상 흐름이 빠르게 변화된다. 8번 방향은 닫힌, 아래, 앞 방향이다. 그 공간에 나타나는 누르기 동작에는 방향에 초점이 있고, 무겁고, 시간상 흐름의 변화가 없다(Bartenieff, 1980).

정육면체에 나타나는 에포트 어피니티즈

번호	1			2			3			4		
방향	위	밖	앞	아래	안	뒤	위	안	앞	아래	밖	뒤
동작	떠오르기			펀치			미끄러져 오르기			내리 베기		
에포트 요인	무게	공간	시간	무게	공간	시간	무게	공간	시간	무게	공간	시간
에포트 특성	가벼움	분산	지속	무거움	집중	변화	가벼움	분산	지속	무거움	분산	변화

번호	5			6			7			8		
방향	위	안	뒤	아래	밖	앞	위	밖	뒤	아래	안	앞
동작	때리기			비틀기			날리기			누르기		
에포트 요인	무게	공간	시간	무게	공간	시간	무게	공간	시간	무게	공간	시간
에포트 특성	가벼움	집중	변화	무거움	분산	지속	가벼움	분산	변화	무거움	집중	지속

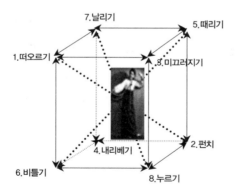

에포트 어피니티즈 분석 사례

오랜 기간 특정한 무용 양식을 훈련하면 특정한 행동 패턴에 고착된다. 한국무용과 발레의 표현적 특질을 비교하기 위해 발레와 한국무용 전공생을 대상으로 움직임에 나타난 에포트를 측정·분석하였다. 발레 20명(남자 10명, 여자 10명), 한국무용 20명(남자 10명, 여자 10명), 총 40명을 대상으로 하였다.

동작 과제는 1차원과 3차원 움직임이다. 1차원 동작 과제는 공간의 축(vertical, sagittal, horizontal)에서 여섯 방향으로 움직이는 것이다. 수직축 동작은 위로 올라가기(rising)와 아래로 내려가기(sinking) 동작, 수평축 동작은 밖으로 펼치기(spreading)와 안쪽으로 모으기(enclosing), 전후축의 동작은 앞으로 전진(advancing)과 뒤로 후진 동작(retreating)이다.

3차원 과제는 정육면체 입체 공간(cube)에서 나타나는 동작이다. 정육면체 내부에서 8개의 꼭짓점을 향해 대각선 척도를 따라 깃털처럼 떠올라가는 행동(float), 목표물을 정확하고 강하게 때리는 행동(punch), 손에 촛불을 들고 조심스럽게 올리는 행동(glide), 얇은 종이를 힘차게 짧게 내리치는 행동(slash), 공중에 달린 풍선을 가볍고 짧고 정확하게 때리는 행동(dab), 단단한 깡통을 힘껏 천천히 비틀면서 찌그러뜨리는 행동(wring), 윙윙거리며 날아다니는 날파리 떼를 쫓아버리는 행동(flick), 단단하고 커다란 공을 힘껏 천천히 한 방향을 향해 누르면서 바람을 빼는 행동(press)이다.

측정의 일관성을 유지하기 위해 동작 기준을 마련하여 에포트를 점수화하였다. 1차원 과제와 3차원 과제 모두 공간의 세 가지 축을 기준으로 동작의 형태에 수반된 에포트 값을 측정하였다. 수직축에 나타나는 무게감은 힘이 관찰되는 신체 부분인 사지와 복부를 중심으로 점수화하였다. 수평축에 나타나는 공간감은 공간 이동 경로의 직선 혹은 곡선적 경향과 이동의 마지막 목표 지점의 명확성을 중심으로 점수화하였다. 전후축에 나타나는 시간 감각은 1박자를 기준으로 빠름과 느림을 정하고 일정 리듬 패턴의 반복 여부를 중심으로 점수화하였다. 에포트의 점수는 -3에서 3의 영역으로 측정되며 양수는 에포트 어피니티, 음수는 에포트 디스어피니티로 해석하였다.

공간에 나타나는 수직축, 수평축, 전후축을 중심으로 나타나는 여섯 가지 방향에 여섯 가지 형태가 연결되고, 이들 각각에 수반되는 여섯 가지 에포트가 존재한다. 에포트는 약한 무게감(light), 강한 무게감(strong), 분산적 공간 의지(indirect), 집중적 공간 의지(direct), 일률적 시간 조절력(sustained), 변화적 시간 조절력(quick)으로 나타난다. 동작이 자연스러운 에포트의 관계인 에포트 어피니티(effort affinity)로 나타나기도 하지만, 부자연스러운 관계인 에포트 디스어피니티(effort disaffinity)로 나타나기도 한다. 에포트 측정은 힘, 공간, 시간의 차원에서 동작을 분석하여 만든 기준에 근거하여 이루어졌다. 측정결과는 한국무용과 발레 그리고 1차원 동작의 양상과 3차원 동작의 양상에 따라 에포트 요인별로 분석하였다.

발레와 한국무용의 에포트 구조 비교

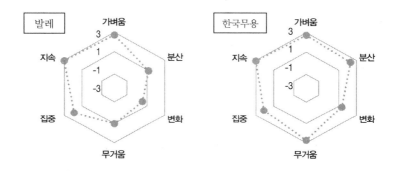

한국무용과 발레 무용수를 대상으로 에포트를 측정한 결과, 오랜 전통을 바탕으로 구조화된 춤 스타일 자체의 특성이 동작반응에서 나타난다. 발레는 위쪽으로 올라가거나 아래쪽으로 내려가는 동작에서 모두 가벼운 힘의 경향이 나타나며 안쪽으로 수축하거나 밖으로 확장되는 동작에서도 직선적인 공간 사용으로 집중된 공간 의지가 나타난다. 앞쪽으로 전진하거나 뒤쪽으로 물러가는 동작에서 시간을 일률적으로 사용하는 경향이 나타났다. 한국무용은 위쪽으로 올라갈 때 약한 힘과 아래쪽으로 내려갈 때 강한 힘이 자연스럽게 나타나며 밖으로 확장될 때 곡선 움직임을 통해 분산된 공간 의지를 나타내며 뒤쪽으로 움직일 때 시간을 제어하는 경향이 나타난다.

두 집단은 수직축에서 위를 향해 올라가는 동작에서 가벼운 특징이 유사하게 나타났으며 앞으로 나아가는 동작은 시간적 간격을 일률적으로 제어하는 경향에서 유사하게 나타났다. 반면 아래로 향해 내려가는 동작에서 팔·다리에 긴장된 힘과 복부를 수축하는 무게 감각에 차이가 나타났다. 발레는 밖으로 확장되는 팔의 움직임에서 직선적으로 나타났다. 발레는 곡선으로 흐르지만, 목표한 초점으로 뻗어간다. 한국무용은 곡선으로 흐르며 손끝의 사용이 유연하여 목표한 초점이 분산된다. 안쪽으로 좁혀지는 동작에서 발레는 직선적으로 움직인다. 발레는 곡선과 직선의 양상을 나타내지만 목표가 된 초점이 분명하다. 한국무용은 곡선과 직선의 양상이 모두 나타났다. 뒤로 물러가는 동작에서 시간을 일률적으로 제어하거나 변화하는 경향이 다르다. 한국무용이 발레보다 시간을 변화적으로 사용한다.

발레와 한국무용의 에포트 차이를 비교해 보면, 발레는 가벼운 특성이 강하여 부자연스러운 무게감이 나타나며, 한국무용은 무게감에서 강·약이 자연스럽게 나타난다. 발레는 공간에 나타나는 의지가 흐르는 듯하지만 분명한 목표를 향해 움직인다는 점에서 직선적이고, 한국무용은 팔이 곡선으로 흐르며 손끝에서의 방향성이 명확하지 않다는 점에서 곡선적이다. 시간의 직관에 있어서 발레는 2/4, 4/4, 3/4 등의 리듬에 근거한 일률적 패턴을 사용한다는 점에서 앞·뒤 공간 모두에서 시간을 일률적으로 제어하는 경향이 나타나며, 한국무용은 길고 짧은 변화무쌍한 리듬에 근거한 변화적 동작 패턴을 사용한다는 점에서 리듬의 변화를 자유자재로 조절하는 것으로 나타났다(나경아, 2005).

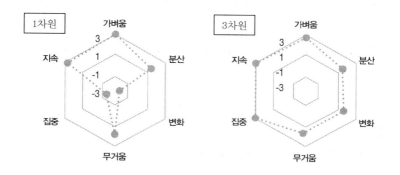

1차원과 3차원의 에포트 구조 비교

1차원 방향으로의 움직임과 3차원 방향으로의 움직임의 차이를 비교해 보면, 1차원 방향으로의 움직임은 평상시 훈련된 무용 기법으로부터 배어 나오는 동작 반응이 즉각적으로 나타났으며, 3차원 공간에서의 움직임은 특정 행위를 재현하기 위해 동작을 할 때의 집중력이 확연하게 드러났다. 그 결과 1차원 동작에서는 공간과 시간을 일률적으로 제어하는 무용 양식의 특징이 잘 나타났으며, 3차원 동작에서는 힘, 공간, 시간에서 더 자연스러운 움직임이 나타났다. 즉 공간의 변화에 따라 동작 양상이 달라짐을 관찰할 수 있었다.

1차원의 움직임에서 부자연스러운 에포트(disaffinity), 3차원에서는 자연스러운 에포트(affinity) 경향이 나타난다. 수직축에서 무게감은 1차원과 3차원에서 비슷한 수준이다. 수평축에서 안쪽으로 좁히는 동작에서 1차원의 동선이 곡선으로 나타난다. 전후축에서는 1차원 공간에서 뒤로 물러가는 동작을 할 때의 시간이 일률적으로 조절된다. 따라서 1차원으로 공간을 사용할 때 시간과 공간 에포트에서 부자연스러우며, 3차원으로 공간을 사용할 때 상대적으로 자연스럽다.

위쪽 공간으로 올라가는 동작은 1차원에서 발레와 한국무용 모두 가볍지만 3차원 공간에서는 손끝 움직임에 힘이 나타난다. 발레에서 손끝 사용이 약간 더 나타난다. 아래쪽 공간으로 내려가는 동작에서 차이가 있다. 팔·다리의 힘은 공통으로 나타났으나 발레는 미골과 척추를 편 자세를 보이며 한국무용은 사지에 힘이 들어갈 때 미골과 척추를 구부리므로 보다 강한 힘이 나타났다. 수직축에 나타난 움직임 패턴은 발레의 풀업(pull up)자세에서 비롯된 가벼운 특성이 나타났고 한국무용은 들숨의 가벼움과 날숨의 무거움이 자연스럽게 나타났다.

밖으로 확장되는 동작에서 발레는 1차원과 3차원 모두 동선은 곡선으로 흐르지만, 목표한 초점이 분명히 제시된다. 한국무용은 동선이 곡선으로 흐르며 손끝 사용이 유연하고 목표한 초점이 분명하지 않으며 1차원보다 3차원에서 그러한 경향이 강하다. 안쪽으로 좁혀지는 동작에서는 동작 양상에 따른 에포트 수반이 다르다. 발레는 1차원에서 동선이 곡선이고 목표가 된 초점이 있었으나 3차원에서는 동선이 직선의 양상을 나타내고 목표가 된 초점도 분명한 동작 양상을 나타낸다. 한국무용의 경우는 1차원에서 동선이 곡선이고 목표가 된 초점이 없으며 3차원에서는 동선이 직선적이고 목표된 지점이 분명하게 나타난다. 수평축에 나타난 움직임 패턴은 팔에 의해 그려지는 선의 특징을 잘 보여준다. 발레에서 팔의 이동

경로는 부드럽게 흐르지만, 목표가 분명하기 때문에 직선적으로 보인다. 한국무용은 팔의 사용도 곡선이지만 손끝으로 가리키는 방향이 공간에 흩어지기 때문에 전체적으로 곡선적으로 보인다.

앞쪽으로 전진하는 동작에서는 1차원에서 한국무용과 발레 모두 일률적인 리듬이 나타난다. 3차원에서 발레는 리듬의 변화가 거의 나타나지 않으며 한국무용은 1차원보다 3차원에서 리듬의 일률적인 경향이 높다. 전체적으로 한국무용보다 발레가 일률적인 리듬의 경향이 높다. 뒤쪽으로 물러가는 동작은 1차원에서는 변화적 시간이 나타나지 않았다. 특히 발레에서는 일률적인 시간이 나타났다. 그러나 3차원에서 한국무용은 변화적 시간이 나타났으며, 발레도 다소 변화적 시간이 나타났다. 발레는 앞쪽으로 나아가거나 뒤쪽으로 물러가는 동작에서 모두 시간을 일률적으로 제어하는 경향이 나타났다. 한국무용은 앞을 향하는 움직임에서 리듬의 변화가 다소 나타났다.

발레와 한국무용에서 그리고 1차원 동작과 3차원 동작에서 6가지 에포트 수반의 양상이 다양하게 나타났다. 1차원 위쪽으로 올라가는 동작의 가벼움의 속성은 한국무용과 발레 모두에서 자연스러운 에포트(effort affinity)가 나타났다. 가벼움 속성은 모든 집단의 3차원에서 일률적인 시간 제어의 속성은 모든 집단과 공간에서, 집중된 공간 의지는 3차원에서 분산적 공간 의지는 한국무용에서, 강한 힘은 한국무용에서, 변화적 시간은 한국무용 3차원에서 자연스러운 에포트가 나타났다. 강한 힘과 분산된 공간 의지는 발레의 모든 공간에서, 변화적 시간은 발레의 3차원에서 부자연스러운 에포트

(effort disaffinity)가 나타났다. 변화적 시간이나 집중된 공간 의지는 모든 집단의 1차원에서 부자연스러운 에포트가 나타났다. 결과적으로, 동작 양상이 뚜렷한 특징을 나타내는 한국무용이나 발레에서 1차원 공간에서는 부자연스러운 에포트가 나타났고, 3차원 공간에서는 자연스러운 에포트 경향이 나타났다. 발레에 비해 한국무용에서 자연스러운 에포트 경향이 나타났다.

차원 \ 동작 \ 에포트	Weight		Space		Time	
	Light	Strong	Indirect	Direct	Sustained	Quick
1 차원 Rising	-3 -2 -1 0 1 2 3					
Sinking		-3 -2 -1 0 1 2 3				
Spreading			-3 -2 -1 0 1 2 3			
enclosing				-3 -2 -1 0 1 2 3		
Advancing					-3 -2 -1 0 1 2 3	
Retreading						-3 -2 -1 0 1 2 3

차원 \ 동작 \ 에포트	Weight		Space		Time	
	Light	Strong	Indirect	Direct	Sustained	Quick
3 차원 Rising	-3 -2 -1 0 1 2 3					
	-3 -2 -1 0 1 2 3					
	-3 -2 -1 0 1 2 3					
	-3 -2 -1 0 1 2 3					
Sinking		-3 -2 -1 0 1 2 3				
		-3 -2 -1 0 1 2 3				
		-3 -2 -1 0 1 2 3				
		-3 -2 -1 0 1 2 3				
Spreading			-3 -2 -1 0 1 2 3			
			-3 -2 -1 0 1 2 3			
			-3 -2 -1 0 1 2 3			
			-3 -2 -1 0 1 2 3			
enclosing				-3 -2 -1 0 1 2 3		
				-3 -2 -1 0 1 2 3		
				-3 -2 -1 0 1 2 3		
				-3 -2 -1 0 1 2 3		
Advancing					-3 -2 -1 0 1 2 3	
					-3 -2 -1 0 1 2 3	
					-3 -2 -1 0 1 2 3	
					-3 -2 -1 0 1 2 3	
Retreading						-3 -2 -1 0 1 2 3
						-3 -2 -1 0 1 2 3
						-3 -2 -1 0 1 2 3
						-3 -2 -1 0 1 2 3

참고문헌

나경아, 『Nelson Goodman의 지칭론에 의한 상징양태 논의』, 미간행 석사학위논문, 홍익대학교, 서울, 1994.

_____, 『무용연구를 위한 방법론 모색』, 한국예술연구, 1, 89-106, 2010.

_____, 『에포트 분석을 통한 무용동작의 심리수반 구조 연구』, 미간행 박사학위논문, 이화여자대학교, 서울, 2005.

다께우찌 도시오 저, 안영길 외 역, 『미학 예술학 사전』, 서울: 미진사, 1990.

방정미, 『무용의 미학』, 동경: 富山房, 1981.

수잔 오 저, 김채현 역, 『서양춤 예술의 역사』, 서울: 이론과 실천, 1990.

장남준, 『독일 낭만주의 연구』, 서울: 나남, 1989.

정병호, 『한국의 전통춤』, 서울: 집문당, 1999.

프레리·한스테인 저, 허영일 역, 『무용 연구법』, 서울: 대한미디어, 2001.

Adshead, J., *Dance Analysis: Theory and Practice*, London: Dance books, 1988.

Anderson, J., *Ballet & Modern Dance*, NJ: A Dance Horizons Book, 1992.

Au, S., *Ballet & Modern Dance*, London: Thames & Hudson Inc, 1988.

Banes, S., *Writing Dancing in the Age of Postmodernism*, Wesleyan University Press, 1994.

Banes, S., *Terpsichore in Sneakers: Post-modern Dance*, Middletown: Wesleyan University Press, 1980.

Bartenieff, I., *Body Movement*, New York: Gordon and Breach Science, 1980.

Best, D., *Expression in Movement and the Arts*, London: Lepus Books, 1974.

Brown, J. M., Mindlin, N., & Woodford, C. H., *The Vision of Modern Dance*,

NJ: Princeton Book Co., 1998.

Cardinal, M. et al., Perceptions and Barriers of Dancer Wellness-Related Curricular in American Higher Edu. Dance Programs. PAMA International Symposium. Chapman Univ. in Irvine, 2018.

Cardinal, M. et al., Dance Wellness Program Curricular Model for Higher Education, Medical Problems of Performing Artists, 1996.

Carroll, N., & Banes, S., Expression, Rhythm and Dance, *Dance Research Journal*, 30(1), 15-24, 1998.

Carroll, N., & Banes, S., Beardsley, Expression and Dance, *Dance Research Journal*, 31(2), 6-13, 1999.

Carter, A. (ed.)., The Routledge Dance Studies Reader, NY: Routledge, 1998.

Cass, J., Dancing through History, Boston, MA: Allyn & Bacon, 1993.

Chujoy, A., *The Dance Encyclopedia*, New York: A. S. Barnes & Co., 1949.

Clark, T., Gupta, A., & Ho, C., Developing a Dancer Wellness Program Employing Developmental Evaluation, *Frontiers in Psychology*, 5(731), 1-9, 2014.

Copeland, R., & Cohen, M., *What is Dance*, Oxford: Oxford University Press.

Davidson, D. (1980). *Essays on Actions and Events*, Oxford: Oxford University Press, 1983.

Davies, E., *Beyond Dance: Laban's Legacy of Movement Analysis*, London: Brechin Books Ltd., 2001.

Desmond, J. C., Meaning in Motion, Durham, NC: Duke University Press, 1997.

Fitt, S. S., *Dance Kinesiology*, NY: Schirmer Books, 1988.

Fraleigh, S. H., & Hanstein, P. (eds.)., *Researching Dance*, Pittsburgh, PA: University of Pittsburgh Press, 1999.

Fraleigh, S. H., *Dance and the Lived Body: A Descriptive Aesthetics*, Pittsburgh, PA: University of Pittsburgh Press, 1987.

Franko, M., Five Theses on *Laughter After All*, In G. Morris (ed.), *Moving Words: Re-writing Dance* (pp.38-55), NY: Routledge, 1996.

Garafola, L., The Making of Ballet Modernism, *Dance Research Journal,* *20*(2), 23-32, 1989.

Gombrich, E. H., *Art and Illusion,* Princeton, NJ: Princeton University Press, 1956.

Goodman, N., *Languages of Art,* Indianapolis: Hachett Co., 1988.

Guillot, G., & Prudhommeau, G., *The Book of Ballet,* New Jersey: Prentice Hall, 1976.

Hackney, P., *Making Connections: Total Body Integration through Bartenieff Fundamentals,* New York: Routledge, 2000.

Hanna, J. L., *Partnering Dance and Education,* NY: Human Kinetics, 1999.

Harrison, J. E., *Ancient Art and Ritual,* Oxford: Oxford University Press, 1951.

Hodgson, J., *Mastering Movement: The Life and Work of Rudolf Laban,* New York: Routledge, 2001.

Sheets-Johnstone, M. (ed.)., *Illuminating Dance: Philosophical Explorations,* Lewisburg, PA: Bucknell University Press, 1984.

Humphrey, D., *The Art of Making Dance,* Hightstown, NJ: Princeton Book Co., 1987.

Kim, J., Supervenience as a Philosophical Concept, *Metaphilosophy, 21*(1-2), 1-27, 1990.

Kim, J., The Concepts of Supervenience, *Philosophy and Phenomenological Research, 45*(2), 153-176, 1984.

Laban, R. V., *Effort,* London: Mcdonald & Evans Ltd., 1947.

Laban, R. V., *A Life for Dance: Reminiscences* (L. Ullmann, trans.), London: Mcdonald & Evans Ltd. (Original work published 1935), 1975.

Laban, R. V., *Modern Educational Dance,* London: Mcdonald & Evans Ltd., 1968.

Lange, R., *The Nature of Dance: An Anthropological Perspective,* New York: International Publication Service, 1976.

Langer, S. K., *Problems of Art: Ten Philosophical Lectures,* New York:

Scribner's, 1957.

Layson. J., *Dance History*, NY: Routledge, 1994.

Lonsdale, S., *Animals and the Origins of Dance*, London: Thomes & Hudson, 1981.

Magolise, J., The Autographic Nature of the Dance, *Journal of Aesthetics and Art Criticism, 39(4)*, 419–427, 1981.

Margolis, J., *The Languages of Art and Art Criticism*, Detroit: Wayne State University Press, 1965.

Matthews, A., *Introduction to LMA*, New York: Laban/Bartenieff Institute of Movement Studies, 2001.

Mazo, J. H., *Prime Movers*, New York: William Morrow & Co., 1977

McDonagh, D., *Martha Graham*, New York: Warner books., 1978.

Mcdonagh, D., *The Complete Guide to Modern Dance*, Garden City: Doubleday, 1976.

Mcfee, G., *Understanding Dance*, NY: Routledge, 1992.

Morris, G. (ed.)., *Moving Words: Re-writing Dance*, New York: Routledge, 1996.

Morton, L. H., & Foster, T. R., Goodman Forgery and the Aesthetic, *Journal of Aesthetics and Art Criticism*, 49(2), 155-9, 1991.

Murphy, S., Why Dance? A Functional Perspective, *In Dance: the Study of Dance and the Place of Dance in Society, Proceedings of the VIII Commonwealth and International Conference on Sport, Physical Education, Dance, Recreation* (pp.93–99), London: E.&F. N. Spon, Ltd., 1986.

Na, K. A., A Remark on Dance Research Methodologies, *The Korean Journal of Arts Studies, Special Issue, 1*, 9–30, 2018.

Newlove, J., & Dalby, J., *Laban for All*, London: A Nick Hern Book, 2003.

Newlove, J., *Laban for Actors and Dancers: Putting Laban's Movement Theory into Practice: A Step-by-Step Guide*, New York: Routledge, 1993.

Novack, C. J., *Sharing the Dance*, Madison, Wis: University of Wisconsin

Press, 1990.

Pierce, A., & Pierce, R., *Expressive Movement: Posture & Action in Daily Life, Sports & the Performing Arts*, New York: Plenum Press, 1989.

Royce, A. P., *The Anthropology of Dance*, Bloomington, Ind.: Indiana University Press, 1977.

Rust, F., *Dance in Society*, London: Routledge & Kegan Paul, 1969.

Sachs, C., *World History of the Dance*, New York: W. W. Norton & Co., 1937.

Savile, A., Nelson Goodman's Languages of Art, *British Journal of Aesthetics*, *11(1)*, 3-27, 1971.

Shawn, T., *Every Little Movement*, Princeton, N. J.: Dance Horizons, 1968.

Shusterman, R., *Analytic Aesthetics*, Oxford: Basil Blackwell, 1989.

Siegel, M., Visible secrets: Style Analysis and Dance Literacy. In G. Morris (ed.), *Moving Words: Re-writing Dance* (pp.26-37), NY: Routledge, 1996.

Sirridge, M., & Armelagos, A., The Identity Crisis in Dance, *Journal of Aesthetics and Art Criticism*, *37(2)*, 129-139, 1978.

Sirridge, M., & Armelagos, A., The In's and Out's of Dance: Expression as an Aspect of Style, *Journal of Aesthetics and Art Criticism*, *36*, 13-24, 1977.

Sirridge, M., & Armelagos, A., The Role of 'Natural Expressiveness' in Explaining Dance, *Journal of Aesthetics and Art Criticism*, *41(3)*, 301-307, 1983.

Sorell, W., *Dance in Its Time*, NY: Columbia University Press, 1986.

Sparshott, F., The Future of Dance Aesthetics, *Journal of Aesthetics and Art Criticism*, *51(2)*, 227-234, 1993.

Sparshott, F., *Off the Ground: First Steps to a Philosophical Consideration of the Dance*, Princeton: Princeton University Press, 1988.

Stebbins, G., *Delsarte System of Expression*, Princeton, NJ.: Dance Horizons, 1977.

Tatarkiewicz, W., *A History of Six Ideas: An Essay in Aesthetics*, The Hague,

Boston, London: Martinus Nijhoff, 1980.

Thomas, H., Dance History: in Search of a Usable Past, 제5회 무용원 국제 학술심포지엄, 서울, 2003.

Thomas, H., Dance, Body Symbolism, and the Context of Culture: Methodological Issues for a Sociology of Dance, *In Dance: the Study of Dance and the Place of Dance in Society, Proceedings of the VIII Commonwealth and International Conference on Sport, Physical Education, Dance, Recreation* (pp.84-92), London: E.&F. N. Spon, Ltd., 1986.

나경아

현재 한국예술종합학교 무용원 이론과 교수

이화여자대학교 체육학 박사

홍익대학교 미학 석사

이화여자대학교 체육학 학사, 석사

서울예술고등학교

예원학교

젊은 춤꾼 '97 〈사과 사는 것을 잊지 말아야지〉 안무 및 출연

현대무용 신인발표회 〈묵상〉 안무 및 출연

전) 댄스 씨어터 온 단원 및 대본가

전) 댄스 씨어터 푸리 단원

전) 컨템포러리 무용단 단원

저서

『무용과 건강』, 『무용과 인체과학』, 『무용인을 위한 과학적 훈련 방법』, 『무용교육』, 『무용학습심리』, 『무용심리학』, 『무용원리의 이해』, 『무용동작의 이해』

무용분석
무용학을 위한 이론과 실천

2019년 12월 20일 초판 1쇄 펴냄

지은이 나경아
펴낸이 김흥국
펴낸곳 보고사

책임편집 이소희
표지디자인 손정자

등록 1990년 12월 13일 제6-0429호
주소 경기도 파주시 회동길 337-15 보고사 2층
전화 031-955-9797(대표), 02-922-5120~1(편집), 02-922-2246(영업)
팩스 02-922-6990
메일 kanapub3@naver.com / bogosabooks@naver.com
http://www.bogosabooks.co.kr

ISBN 979-11-5516-936-0 93680
ⓒ 나경아, 2019

정가 11,000원